"十三五"国家重点图书出版规划

— 大学之道 —

Higher Ed, Inc.
The Rise of the For-profit University

营利性大学的崛起

［美］理查德·鲁克 著
于培文 译

北京大学出版社
PEKING UNIVERSITY PRESS

著作权合同登记号　图字:01-2006-4112
图书在版编目(CIP)数据

营利性大学的崛起/(美)理查德·鲁克著;于培文译.—北京:北京大学出版社,2019.3
（大学之道）
ISBN 978-7-301-29861-9

Ⅰ.①营… Ⅱ.①理… ②于… Ⅲ.①高等学校—研究—美国 Ⅳ.①G649.712

中国版本图书馆 CIP 数据核字(2018)第 202623 号

Higher Ed, Inc.: The Rise of the For-profit University
by Richard S. Ruch
ⓒ 2001 The Johns Hopkins University Press
All rights reserved.
Published by arrangement with the Johns Hopkins University Press, Baltimore, Maryland.

书　　　名	营利性大学的崛起 YINGLIXING DAXUE DE JUEQI
著作责任者	［美］理查德·鲁克　著　于培文　译
丛书策划	周雁翎
丛书主持	周志刚　张亚如
责任编辑	刘军
标准书号	ISBN 978-7-301-29861-9
出版发行	北京大学出版社
地　　　址	北京市海淀区成府路 205 号　100871
网　　　址	http://www.pup.cn
电子信箱	zyl@pup.pku.edu.cn　新浪微博:@北京大学出版社
电　　　话	邮购部 010-62752015　发行部 010-62750672 编辑部 010-62767346
印　刷　者	北京中科印刷有限公司
经　销　者	新华书店 965 毫米×1300 毫米　16 开本　13 印张　187 千字 2019 年 3 月第 1 版　2019 年 3 月第 1 次印刷
定　　　价	68.00 元（精装版）

未经许可，不得以任何方式复制或抄袭本书之部分或全部内容。
版权所有，侵权必究
举报电话:010-62752024　电子信箱:fd@pup.pku.edu.cn
图书如有印装质量问题，请与出版部联系，电话:010-62756370

目 录

前言 ……………………………………………………………（1）
鸣谢 ……………………………………………………………（1）
第一章　一位营利性大学院长的自白 ……………………………（1）
　　第一节　玩家 ……………………………………………………（4）
　　第二节　机构成长和学术声誉 …………………………………（5）
　　第三节　教育质量问题 …………………………………………（8）
　　第四节　营利和非营利的区别 …………………………………（11）
　　第五节　跳槽到营利性大学 ……………………………………（21）

第二章　玩家们 ……………………………………………………（25）
　　第一节　对营利性教育机构的基本质疑 ………………………（28）
　　第二节　营利性大学的学生情况 ………………………………（31）
　　第三节　教育管理公司 …………………………………………（35）
　　第四节　阿格西教育集团 ………………………………………（38）
　　第五节　德夫里技术学院 ………………………………………（41）
　　第六节　斯特拉耶大学 …………………………………………（46）
　　第七节　阿波罗集团公司 ………………………………………（48）

第三章　美国营利性教育发展史 …………………………………（53）
　　第一节　美国营利性教育的起源 ………………………………（55）
　　第二节　营利性大学的源头 ……………………………………（56）

第三节　服务上流社会的教育……………………………（58）
　　第四节　传统高校的局限性………………………………（59）
　　第五节　农业教育的典范…………………………………（61）
　　第六节　为处于边缘地位的人们提供教育服务…………（62）
　　第七节　美国殖民时期到信息时代的教育………………（64）
　　第八节　高等教育新产业…………………………………（65）
　　第九节　营利性机构的发展壮大…………………………（67）
　　第十节　教育行业的简单性………………………………（70）
　　第十一节　相信市场………………………………………（72）
　　第十二节　营利性策略的本质……………………………（75）

第四章　营利性高等教育的财政状况……………………………（79）
　　第一节　营利性高等教育的营利途径……………………（81）
　　第二节　面向顾客服务……………………………………（82）
　　第三节　就业率……………………………………………（86）
　　第四节　开设需求较高的课程……………………………（87）
　　第五节　快速适应市场……………………………………（89）
　　第六节　校历………………………………………………（91）
　　第七节　学费收费标准和教育成本………………………（91）
　　第八节　规模经济和运行效率……………………………（93）
　　第九节　利润：到底什么是利润？…………………………（95）
　　第十节　利润和超额收入…………………………………（96）
　　第十一节　营利动机和消费动机…………………………（97）
　　第十二节　利润和社会利益………………………………（99）
　　第十三节　利润动机的弊端——贪婪和推销……………（100）
　　第十四节　收入来源………………………………………（102）
　　第十五节　学校开支………………………………………（104）
　　第十六节　营利性大学的财务业绩………………………（107）

第五章　营利性大学的学术文化…………………………………（111）
　　第一节　从学生身上谋取利润……………………………（113）

第二节　文化钢丝绳：平衡商业和学术 …………………（115）
   第三节　院长的枢纽作用 …………………………………（119）
   第四节　高层中的学术声音 ………………………………（121）
   第五节　作为课程传授人的教师 …………………………（123）
   第六节　没有终身制的教学工作 …………………………（124）
   第七节　学术自由的意义 …………………………………（129）
   第八节　营利性大学的学术自由 …………………………（130）
   第九节　学生的学术自由 …………………………………（134）
   第十节　营利性大学的学生生活 …………………………（136）

第六章　营利性大学的经验教训 ………………………………（139）
   第一节　各种模糊界限 ……………………………………（142）
   第二节　毕业生的赚钱能力作为价值观测量手段 ………（144）
   第三节　质量和诚信的监护人 ……………………………（145）
   第四节　低效率引起的奢侈现象 …………………………（148）
   第五节　对知识中心的界定 ………………………………（150）
   第六节　营利性大学的经验 ………………………………（152）
   第七节　真正的大学教育是什么？ ………………………（158）

注释 ……………………………………………………………（163）
英汉译名对照 …………………………………………………（177）

前　　言

在过去的20年里，许多强劲的营利性大学的诞生和发展是美国高等教育领域中惊人的变化之一。这些高校由40多家公司所有，这些公司的证券正在全国的证券市场上流通着。传统学校的教师们、非营利高校的管理者们以及全国3 400所得到认证的传统高校的毕业生（这些传统高校一般都是慈善性质的免税非营利机构，它们接受各类慈善捐赠、各种助学金以及各类个人资产的捐赠）一般把这种变化看做是一种贸然的入侵，这种入侵就如同在高等教育这块修剪整齐的草坪上突然长出的蒲公英一样惹人注目。这些营利性机构好似红十字会或者塞拉俱乐部（美国的一个环保团体）突然变成营利公司，从它们的服务中收取大笔费用一样，让人感到极不自然。

然而，这些新兴的营利性大学的魅力也与日俱增。面对它们，人们不禁要问：当大量的非营利高校出现财政赤字或者财政举步维艰的时候，这些机构是如何为其业主和股东营利的？是什么原因使那些历史悠久、绿树成荫、校园优美的非营利大学耗资巨大，长期以来备受经济方面的困扰？这些营利性大学的教学质量和常春藤联盟、州立大学以及传统的文科院校相比如何？究竟是哪些人在这些公司所属的、闯劲十足的学校执教？那里的教师的工作量、薪水是多少？教师的自由度有多大？它们招收什么样的学生，这些学生为什么不去收费相对低廉的州立大学就读？

其实，创建于中世纪后期的早期大学也是营利性的，因为教师们至今在毕业典礼或其他特殊场合穿的黑袍子上的深深的口袋就是十三四世纪大学生们交纳学费的地方。现在,美国的营利性大学的数量要比非营利性大学数量多。新兴的营利性大学的奇特之处在于它融文秘或者律师助理等职业教育和授予传统学士学位、专业学位、研究生学位等有坚实学术基础的教育为一体。

营利性大学的出现是由近年来社会发展的四大变化促成的。第一,传统型经济演变成知识型经济。在当今社会,越来越多的工作需要接受过高级培训或者高等教育的人士才能胜任,从业人员的高等教育也是我们这个时代主要发展的产业之一。第二,成人教育的发展壮大。过去,大学主要招收17至24岁年龄段的学生,而现在,美国高校有一半的学生年龄超过了25岁,在营利性大学,这一比例则高得多。第三,新兴的电子技术使教育机构的授课方式、授课时间、授课地点等有了更大的自由度。第四,社会对高校管理的重新关注。近年来高校管理成本比消费价格指数高了1/3,这使教育人士重新审视高校的运营模式。

在这本令人大开眼界的书里,理查德·鲁克(Richard Ruch)首次带领我们走进了新兴的营利性大学。他为我们展示了其中执教的教师、就读的学生及他们就读的原因、学校的管理方式以及管理者是些什么样的人等。另外,他还详细地阐释了它们营利的原因。更为重要的是,他分析了这些机构的设置、服务以及对高等教育和培训的展望,而这些方面和非营利性大学是不同的。对此,有的人会反感,有的人会困惑,因为单单是这些机构没有为教学人员提供终身制这一件事就足以引起很多大学观察家们的公愤。

理查德·鲁克有着令人羡慕的资本来揭开蓬勃发展的营利性高等教育机构的面纱。他曾经在多所传统大学任教和担任院长职务,也曾在一所营利性教育公司的大学中担任首席教务官。因此,对这两个领域他都深谙其道。他的这本书非常出色,既具有可读性又具有启发性。鲁克出色地表达了置身于美国这种新兴机构的感受。同时,他也率直地谈到了欣欣向荣的营利性大学的不足之处,以及踏入这一领域的人士的得与失。

美国高等教育的发展进程中,以下几种教育形式的加入使其受益匪浅,为其注入了新鲜血液——强调就业培训和面向劳动阶层子女的政府赠地公立学校的创立,夜校和成人教育的引入,新兴的有近1 000个免试入学名额的两年制大学的建成,代替教学型大学的研究型大学的普及,不分种族的高校的出现,高校间运用电子等手段进行合作以及远程高等教育的兴起。与这些教育形式一样,主要的营利性大学为高等教育的发展开辟了新的途径,这一途径在今后的日子里肯定会影响那些古老的非营利性教育机构。

总之,这本书生动地描绘了美国高等教育中盛行的具有革新精神的新生力量。相信关心美国高等教育质量的人士肯定会对本书怀有极大的兴趣。

乔治·凯勒

鸣　　谢

非常感谢德夫里公司(DeVry)以及其他营利性大学的所有同行，尤其是阿格西教育集团(Argosy Education Group)的迈克尔·马科维兹(Michael Markovitz)和吉姆·奥顿(Jim Otten)、阿波罗集团(Apollo Groups)的乔治·德·艾尔瓦(Jorge de Alva)、斯特拉耶教育公司(Strayer Education)的马勒·波德(Marla Boulder)和哈利·威尔金斯(Harry Wilkins)以及教育管理公司(Education Management Corpration)的斯塔西·索契克(Stacy Sauchek)，是他们向我敞开胸怀，让我了解了他们公司的情况；还要特别感谢德夫里公司的以下人员：丹尼斯·凯勒(Dennis Keller)、杰克·马莱希(Jackie Maresch)、帕特里克·梅耶(Patrick Mayers)、简·珀默特(Jane Perlmutter)以及文德琳·泰特楼(Wendolyn Tetlow)，他们给了我很多的鼓励和支持；还要感谢德夫里公司新泽西分校校长罗伯特·波契诺(Robert Bocchino)，是他告诉我很多营利性大学的业务情况。

我深深地感激乔治·凯勒(George Keller)，是他对我全书的写作给予了鼓励和指导。另外，乔治还把我引见给约翰·霍普金斯大学出版社(Johns Hopkins University Press)的主编、本书的编辑杰奎琳·威姆勒(Jacqueline Wehmueller)。还要谢谢大卫·瑞西(David Risseeuw)和哈罗德·霍华德(Harold Howard)，因为在本书写作期间，得到了他们的友谊和支持。最后还要感谢蕾妮·豪斯(Renee House)，她的才智对我启发很大，也谢谢她对我的信任。

第一章

一位营利性大学院长的自白

坦白地说,几年前我还认为所有的私营教育机构都是学术界的渣滓,因为我无法明白追求利润的动机怎么能够和教育宗旨恰到好处地共存。虽然我并不清楚自己怎么会有这样的想法,但是我骨子里认为非营利教育机构的地位就像教育事业本身一样崇高,而营利就意味着赚钱,赚钱就是腐朽、肮脏。一直以来,没有人讽刺我度过的那些时日,整天周旋于为挖掘捐资人而准备的各种午宴、晚宴或者招待宴会中,之所以这样做,是因为他们有钱,而我们大学需要他们的钱。虽然我成年累月把管理时间花在了各种会议——如预算会、裁员会、缩减开支会甚至下岗会上,可是自己还认为所做的一切都是为了教育,而不是为了钱。当我们大学做收入大于支出的预算时,我并没有把这看做是利润动机。同样,我也相信论资排辈的神话。我曾在八所大学学习和工作过,这些大学大部分都不错,但是除了密歇根大学和哈佛大学外,其他的大学都不是最棒的,它们居于中等位置。从其优势看,私营学校是不错的目标,因为当和位于底层的那些学校相比时,我待过的私营学校大多排在中等或者中上阶层。

现在置身于其中,从另一个方面再来看以上的观点,我知道自己对营利性学校的未加检验的看法是错误的,对营利性学校的宗旨只是为了追求金钱的认识是非常幼稚的,对高等教育中营利动机本质的了解是错误的。在本书中,从殖民时期美国最早的夜校开始,一直到20世纪90年代迅速发展的大型公司拥有的民营营利性大学,我重新审视了美国高等教育这个领域,打碎了它的一些神话,澄清了高等教育产业中营利性领域的一些实际情况。我所知道的以及我想在这里证明的是，许多营利性大学实际上在做的是一件值得信赖甚至值得称颂的事，因为它们所做的一切正好满足了教育领域中有较高需求的市场。但是这并不是说这些教育机构就完美无缺，它们的质量就都符合标准，就没有更看重利润而轻视教育。正如传统非营利高校的教育质量良莠不齐一样，营利性大学的质量也参差不齐；正如非营利性大学有公款欺诈和公款滥用的现象一样，营利性大学也存在财务援助资金欺诈和滥用的现象。本书重点讨论的是那些最大的营利性大学，其质量处于这个领域的上乘水平。如果说美国有着令世人羡慕的高等教育体系，那部分功劳要归于营利性大学长期以来的影响，因为它们代表了直接适应社会需要和经济需要的教育，代表了把产品和服务变成利润的权利，还因为它不断迫使坚决抵制它的体系做出一些变化。

第一节 玩 家

本书重点讨论的是那些以上市营利公司所有的大型大学体系的新姿态出现的营利性高等教育机构。尽管在美国和其他国家有数以千计的私营学校——它们是家庭式的小企业，由一个或多个所有者经营，所有者把企业的利润作为自己的收入，它们是为满足少数行业或受管制的产业如整容业、汽车机械业以及旅游业等的培训需求而存在的，但是它们不是本书的讨论对象。①数以百计的制造和贩卖假文凭的文凭作坊也不是本书的讨论对象，在这些作坊，只要顾客肯掏出 3 000～5 000 美元，他们就能得到各式各样的文凭。网络大学也不是本书的讨论对象，尽管本书中所有的大学都用网络形式对真实课堂教学进行补充，但是网络授课只占了整个教学的极少部分。那些"公司大学"也不是本书的讨论对象，这些创办大学的公司包括 Sun 微系统公司、摩托罗拉公司以及丰田公司。本书讨论的是得到地方认证的有学位授予权的高等教育机构，这些机构开设授予准学士、学士、硕士以及博士等学位的课程（在第二章中将介绍五所这样的主要大学）。这些营利性大学没有捐赠人,只有投资人;没有捐赠款,只有私人投资资本;不能免税,而要纳税。后面的几章将会阐明,把营利性大学与其他教育机构区别开来的正是这些核心差异,因为这些差异导致了其他方面的差异。

那些经营比较成功的营利性教育机构,有的相对年轻,如于1988年建于佐治亚州罗斯维尔(Roswell)的奎斯特(Quest)教育公司,它具有很强的进取精神,自建成后收购了不少非营利性大学(到2000年,它的分校已经超过30个),在它收购的非营利性大学中,有的当时正面临破产。有的营利性教育机构则历史较长,如于1892年建于华盛顿特区的斯特拉耶大学,于1931年建于芝加哥的德夫里技术学院。虽然高等教育中的营利性模式并不是新生事物,但是20世纪90年代教育上市公司——它们是一些高校的所有者、经营者——的创立却是上流社会传统中的一个最新发展模式,而这些传统早在美国第一批大学建立以前就存在了。其实,很多营利性教育机构的前身都地位低下、没有名气,红红火火的菲尼克斯大学(University of Phoenix)也不例外,它的前身是20世纪70年代早期的旧金山州立大学人文系。[②]与此相似,当今有的知名度很高的非营利性大学的前身就是私营学校,例如位于新泽西州特莱顿(Trenton)的赖德(Rider)大学,它创建于1865年,是布莱恩特(Bryant)和斯特拉顿(Stratton)连锁商业学校的一个分校,这些分校有的至今还在运行。

第二节　机构成长和学术声誉

过去的十年中,营利性教育值得一提的是它的成长壮大和声名鹊起。从1990年以来,美国有学位授予权的营利性大学的数量不声不响地提高了112%,也就是从350所增加到了750所。[③]与此同时,却至少有200所左右的非营利性大学倒闭了。全国高等教育统计中心(National Center for Higher Education)报道:1996年,美国有学位授予权的营利性大学为669所。中学后教育综合数据(Integrated Postsecondary Education Data System)的资料表明:1996 年,美国两年制和四年制的高校中,营利性大学占了 15%。据估计,1996 年,这些高校的招生人数为 304 465 人,占了美国招生总人数即 14 367 530 的 2.1%。另外,据估计,1996 年,有学位授予权的营利性大学的专职教师人数大约是 26 000 人,占美国高校教师总人数 528 000 的 5% 左右。营利性大学是高教产业中唯一不断发展的部分。*基于我对这一产业为时一年的研究,我推测在未来的十年里,营利性大学数量还会增加,市场份额还会提高,而非营利性大学在一定程度上还会继续萎缩。

营利性大学在高等教育领域中的声誉也在不断提高,它们在高等教育领域中的地位越来越突出,这些从它们达到并保持着地方认证协会或其他认证团体的认证标准这一事实中可以得到证明。例如,阿格西教育集团在其美国职业心理学校(American School of Professional Psychology)的十个分校中开设了博士课程。这些课程不仅得到了中北部协会(North Central Association)的地方认证,同时也成功获得了美国心理学会(American Psychological Association)的认证。德夫里的情况也相似,它不仅得到了地方认证,它开设的电子工程技术课程还得到了工程技术认证理事会的技术认证委员会的认证。菲尼克斯大学得到了中北部协会的认证,它开设的护士课程中的学士和硕士课程得到了全国护士认证委员会联盟的认证。

营利性学校通常把得到认证作为它们的商务目标,搞清楚基本认证条件后,它们就会重新分配财力、人力使自己达到或者超过这些认证标准。运用这种单刀直入的策略,凭借达到有时甚至超过公布的认证标准的手段,营利性学校赢得了地方认证机构及其校园考察工作小组的认可,也常常给它们留下了深刻的印象。过去,营利性学校为了达到认证标准,付出了不懈的努力,当它们好不容易达到标准时,认证机构有时却又因为它们的私营地位而不愿意给予认证(参见第六章)。在如今的结果评估环境下,如果营利性学校符合或者超过认证标准而对其不予认证,这些机构很可能会招来限制自由贸易的指控。

---

* 因为中学后教育综合数据的资料来源于营利性大学自行上报的有关信息,又因为多年来,教育部没有通报过营利性大学的有关数据,因此很多营利性大学很可能不为人所知。所以来自中学后教育综合数据关于营利性大学的数据极有可能比实际情况要少得多。

营利性大学值得推崇的另一个方面与美国公众对美国及其总体自由市场经济的态度转变有关。在20世纪的后十年,利润动机似乎已经和邪恶目的没有多大关联了。营利性大学正是抓住了人们对公司和股市业绩不断更新的观念以及痴迷程度不断增加的这股浪潮。在过去的十年中,除了个人退休账户(IRA)、401K条款下的部分养老金(该条款规定退休金必须放在股市)及其他养老金外,在股市中没有什么其他投入的小投资者,业绩也同样不俗。同时,由于一些非营利性机构——如美国联路公司(United Way of America)、儿童玩具捐赠公司(Toys for Tots)、全国有色人种协进会(NAACP)以及斯坦福大学等——因为出现财务欺诈、管理不当等丑闻,导致利润动机以各种方式复活,而非营利性机构却正面临着公众更为严格的审查。

"这是美国非营利高校难熬的日子。"美国联路公司的法律总顾问、美国教育部前官员查尔斯·科尔伯(Charles Kolb)写道。科尔伯把斯坦福大学丑闻(这一丑闻发生在1991年,原因是有人指控斯坦福大学非直接经费开支过度,并且滥用联邦政府拨给的研究经费)看做是使美国中学后教育以及非营利性教育进入责任时代的导火线。④虽然斯坦福大学最后澄清了经费欺诈的指控罪名,但是管理不当问题已经提上了美国高等教育事业的主要日程。20世纪90年代中期,非营利性大学正面临着科尔伯所说的第三次责任浪潮。相对来说,第一次责任浪潮几乎没有波及高等教育,它波及的是20世纪80年代的美国公司,由于全球性的竞争、股东需求以及各种技术的兴起引发了大规模的失业和机构重组。第二次责任浪潮的矛头指向了里根和布什两届政府,目标是政府开支问题和全国财政赤字问题。同样,这一次浪潮正如科尔伯所说,也没有怎么影响高等教育。然而,第三次浪潮以斯坦福大学丑闻为开端,导致了责任制的新要求、地方认证标准的结果评估的新重点以及整个高教产业的附加值等问题。科尔伯说,责任制问题的核心是如何评定大学教育附加值问题。他感叹道:"令人悲哀的是,我们至今还不知道这个问题的答案。"⑤

然而,营利性大学对这个问题却有了答案。对它们而言,大学教育的附加值就是德夫里主席丹尼斯·凯勒(Dennis Keller)所说的"创业能力"。评估附加值的一般尺度是,与非营利性大学毕业生的挣钱能力相比,营利性大学毕业生的挣钱能力显然要强(从当前看,大约是两倍)。挣钱能力对许多传统教育人士来说是颗难以下咽的药丸,因为它把高等教育的神圣理想尤其是人文理想变成了经济回报等式。然而,这种理想的消失,或者客气点地说,这种理想范围的缩小,在美国高等教育中已经发生。现在,即使是那些精英高校也在运用毕业生挣钱能力来解释学费的收取情况。⑥

根据大学毕业生的挣钱能力来评估大学学位价值的问题将在第六章中进行更充分的阐述。这里要说的是营利性大学对附加值评估要求做出直接反应的能力要比非营利性大学强。其实,它们的公司环境已经需要把这种评估作为其商务运作的常规事务来看待。

第三节 教育质量问题

营利性教育机构最持久的神话之一是它们通常为学生提供劣质教育。阿格西教育公司的职业心理学校的首席执行官、教务长、美国南方院校协会的前官员杰克·萨尔茨(Jack Sites)说:"传统院校的很多同行们至今还认为我们都是些卖狗皮膏药的人。"他又补充道:"他们仍然死抱着他们自编的神话不放,那就是我们在用高价向学生们贩卖别处买不到的伪劣产品。"⑦

对营利性教育机构客气一点的评价是,人们最多认为营利性教育机构给学生提供的是就业能力,而未必是教育。⑧当然,它们的确为学生提供就业能力,这不仅是它们的一个强项,而且是绝大部分高等教育的消费者们都期望高等教育能给他们带来的能力。营利性大学正是把自己和公众对高等教育的期望值即好的高等教育应该造就就业能力统一在一起。然而,就业能力不是它们提供的唯一东西。据我所知,通常情况下,当好老师遇到有强烈学习动机的学生时,真正意义上的教学就会发生。本书中所列举的这些营利性大学既有无数的优秀教师,也有大量的有强烈学习动机的学生。

认为营利性大学的教学质量糟糕的教育人士断定营利性大学不

如非营利性大学遵守各项规范,不如它们有远见卓识。⑨事实上,作为民营公司,它们要比非营利性大学更有远见,比它们更遵守规范,例如它们要向证券交易委员会提交季度报告。还有人错误地认为营利性大学因各种欺诈阴谋指控而臭名昭著。我所查阅的资料表明,非营利性大学中这类现象也不少,至少与营利性大学旗鼓相当,甚至更多。萨尔茨评价道:美国新闻界要不是对高等教育怀有这么高崇敬的话,就会发现一个令它们难以置信的现象,那就是腐败、欺诈和管理不当绝对充斥着整个高等教育领域。⑩还有一个观点在传统大学意识里根深蒂固、挥之不去,即一般情况下,利润和市场与服务社会和服务学生是根本对立的。

还不清楚——至少我还不清楚——是什么时候又是怎样把非营利而不是营利作为大学的组织运行基础,作为大学组织运行的价值观的。我们知道,早期的那些大学在财政和宗旨方面都和教会直接紧密地联系在一起。也许大学的非营利性地位的高洁之处是源于早期大学与教会的联系。我认为,无论如何,营利性或者非营利性地位本身并不是机构质量的决定性因素。在最近的卫生保健产业研究中,也发现了与此相似的现象。在医学院的附属医院,卫生保健业正经历着从非营利到营利的转型。⑪开始,一些医学院的官员对此趋势感到惊讶,他们担心营利性公司会削减或者取消一些不赚钱的服务,而这些服务对医院的职责来说又是必不可少的。哈佛大学医学院的两名研究人员对此做了研究,研究检查了这种转型对卖给营利性公司的附属医院的教学宗旨的影响。结果发现转型对教学、医学教育、研究或者是穷人保健没有什么负面影响。附属医院转变成营利性机构实际上并没有影响教学质量或其社会公益的一面。

可以这样说,数百年来学术界和社会一直争论的问题大体是真正的素质教育包括哪些内容。这个争论早在古希腊、古罗马时代的哲学里就存在着,这些哲学争论的焦点在于教育的重点是发展智力还是培养美德,对于这个争论至今还没有定论。⑫因为对于真正的大学教育的组成部分至今还没有出现清晰的共识。就像各个大学有千差万别的教育宗旨一样,高等教育领域也存在不同的模式和观念。营利性大学只是高等教育千差万别的观念和多种多样宗旨的一分子而已。

经常在当代语言学协会甚至是美国大学商学院大会等学术会议上听到这种较为流行的说法:美国高等教育体系值得世人羡慕。这个说法有时作为一种提醒,传达出一种信息——实际情况可能比较糟糕。"美国高等教育体系是世界上最棒的"这个说法的基础一直以来并非那么明显,但是比较明显的是美国对教育的投入要高于世界上任何其他国家,美国每年对教育的投入大约是7 500亿美元,是国防开支的两倍多,其中,3 400亿美元投在了高等教育上。美国高校还在继续吸引大批留学生,尤其是攻读研究生学位的留学生。

现在很多高等教育业内人士还在不断地敲响高等教育末世论的警钟,从令人深思的著作如雅罗斯拉夫·帕利坎(Jaroslav Pelikan)的《大学理念重审》(The Idea of the University: A Reexamination)、比尔·雷丁斯(Bill Readings)的《废墟中的大学》(University in Ruins)、布鲁斯·威尔歇(Bruce Wilshire)的《大学道德的崩溃》(Moral Collapse of the University),到一些关于学术领域腐败以及把大学公司化作为腐败根源的作品,如纳尔逊(Nelson)和瓦特(Watt)的《学术关键词》(Academic Keywords)等。⑬这些书对美国现在与未来的高等教育提出了许多问题。这些书中没有一本对把公司模式运用到高等教育这个问题感兴趣,各种学术会议的出席者们也几乎没有人对这个问题感兴趣。有人援引菲尼克斯大学这样的营利性大学,把它们的出现和发展作为末日时代的明显象征,因为这类大学被看做高等教育中的极端例子,它们把公司模式运用到高校中。假如对营利性大学的快速发展表示担心,以及不断散布什么高等教育危机论、崩溃论、末日论的话,那么世界其他国家到底还羡慕美国高等教育的什么呢?

美国高等教育中受到忽视、在一定程度上受到掩盖的方面就是营利性大学部分,这部分很沉寂,但却从一开始就对美国高等教育体系的建立、发展以及演化有着重要的影响。美国私营教育深厚的历史证明了这样的事实,即这些机构的发展成熟是和传统大学并肩的,而不是分开的,我们对美国高等教育传统及其未来的真正理解离不开它们。

第四节　营利和非营利的区别

显而易见,营利性大学和非营利性大学通常是在不同的结构价值层面和组织价值层面下运行的。这些不同的价值层面构成了营利性大学和非营利性大学的种种差异。表1.1列出了它们的十个差异。从单个来看,它们表明了两种高校重大差异的细目分类;从整体来看,它们表明了这些大学类型相异情况的全景。下面简要介绍一下每组差异,后面的章节中还要进一步阐述。

表1.1　高等教育中非营利性学校和营利性学校的差异

非营利性	营利性
免税	纳税
捐赠人	投资人
捐赠款	私人投资资金
资助人	股东
共同管理	传统管理
声誉动机	利润动机
知识培养	知识应用
学科导向	市场导向
投入质量	产出质量
教师权力	顾客权力

一、免税/纳税

纳税问题是营利性大学和非营利性大学之间一个明显的差异。诺贝尔经济学奖得主米尔顿·弗里德曼(Milton Friedman)提出营利性和非营利性这两个术语应该从高等教育词汇中一起退出,因为纳税和免税这两个词更符合实情。[11]其实,作为收支来源和开支形式(参见第四章),非营利性大学和营利性大学财政方面最基本的差别不是营利能力或营利动机,而是纳税问题。本质上说,非营利性机构按定义是免税的。其实,包括所有公立学校和大多数私立学校在内的非营利性大学都接受税收补贴来支持它们的运作。公立高校平均50%的收入是来自联邦政府、州政府以及地方政府的税收补贴,私立高校大概有17%的收入是来自这些部门的补贴。[15]营利性大学当然不会有这类补贴。相反,它们的纳税任务很重,大多数教育公司要把税前约40%的收入用于纳税。这些高校纳税情况的差别代表了它们作为公司实体组织方式的根本差别。例如,非营利性机构要最大限度地得到税收补贴,而营利性机构却要最小限度地纳税。

二、捐赠人/投资人

非营利性大学有捐赠人,而营利性大学自然是投资人。捐助款是非营利性大学运作收入和财政保障的主要来源,营利性大学情况也一样。对营利性大学来说,捐款来自股票买卖。非营利性大学要花大量精力去挖掘捐赠人,而营利性大学却要去挖掘投资群体。在某些方面,这种挖掘工作有相似之处,尤其是因为这都涉及要向有能力捐赠或投资的公众推销自己的机构。

然而,这还是有区别的。第一个区别在于非营利性大学的挖掘队伍通常涉及大学的很多人员。这支队伍不仅包括主要发展官员和校长,还包括院长、教师,有时学生甚至还要参加筹款活动。而营利性大学方面只有一两个专业工作人员辅助高层管理人员参与。在德夫里大学任院长时,我从来没有参与任何形式的筹款活动,而在非营利性大学做院长时,我1/3的工作时间都在筹款。第二个区别是,虽然捐赠人和投资人都对他们投出去的钱的使用方式感兴趣,但是投资人除此以外,还期望得到资金回报,要求这些机构对投资人的未来收益承担责任。

三、捐赠款/私人投资资金

第三个区别产生于第二个区别。非营利性大学是以捐赠款形式不断得到捐赠收入,而营利性大学的股票买卖是采用私人投资资金的形式进行的。如果长期清偿能力和投资收入的财务基金能够支持当前运作的话,捐赠款和私人投资资金有着相似的作用。和其他个人投资者或者公司投资者一样,非营利性大学会把全部或者部分捐赠款投到股市或债券市场。当这些投资获得股息时,非营利性大学就把部分股息返还到捐赠款中。当营利性大学的私人投资资金获得股息时,高校就会把部分股息返还给股东。因此捐赠款和私人投资资金的投资都是为了实现资本增长,并把部分资本增长值返还给捐赠基金或者是投资人。

不论以捐赠人还是投资人的形式,要吸引投资就必须激发他们的投资信心。当传统大学具有建立巨大捐赠基金的能力时,这不仅保证了大学的未来发展,也从经济上证明了大学存在的理由。如果校友会、公司、个人基金、州政府以及有钱人肯把钱捐给大学,这就清楚有力地表明了该大学的实力。事实上,捐赠者们会说:我们相信你们的实力。如果投资者把钱以股票形式"捐赠"给教育公司,营利性大学的情况也一样。当私人或者公司投资者通过股票购买了大学的所有权时,大学的未来就得到了保证,它存在的理由就得到了证明。营利性大学和非营利性大学都是依靠别人的钱来保证清偿能力和长期生存能力。营利性模式是股东型的,而非营利性模式是资助人型的。

四、资助人/股东

表面上看,股东型要比资助人型简单得多。所有的股东都想得到一个东西,那就是投资回报。为了保证个人投资资本源源不断地流入,营利性大学必须展示以资产净值形式为股东赚回收益的能力。上市公司业绩好坏的最简单的晴雨表当然就是股票交易值的多少。股价上涨时,投资者就赚钱;股价下跌时,投资者就赔钱。除非把股票真的抛出去了,否则不存在什么赚钱赔钱。然而,影响股票价值变化的因素常常很复杂,它们会受到公司以外的其他变量的影响,例如全球经济趋势或者人口变化情况。自然,对公司的业绩而言,这会增加一些不确定因素,而这反过来又会给股东增加一些风险。即使是各个财务指标看好时,投资者有时也会退出。投资者有信心时,才买进股票,而购买者的信心是个非常复杂的综合体。

高等教育中股东型的一个非常有趣的特点就是员工对公司的所有权。例如,教师、院长、校长,甚至是注册主任、招生代表,他们常常都会持有大学的股票。这种股票可以通过员工股票买卖计划、401K条款退休金计划、职工优先认股权的奖励方式累积起来的。德夫里公司最近对所有专职员工按照服务年限奖励了职工优先认股权。这种做法除了是对员工的一种友好表示外,还是一种非常精明的商业决策。因为当员工通过股票所有权关系变成大学投资者时,他们很快就会不仅对教学事务产生风险意识,而且对企业的财务业绩也会有风险意识。当大学的所有者营利时,每个股东都会分到利润。

与此相对,资助人——学生、学生的家庭、教师、管理人员、理事、校友会、捐赠者、雇员、认证团体、社区领导、政府机构——他们利益差别很大,有时还可能会彼此矛盾。例如,理事也许会不同意减少教师的教学时间,而一些课程认证团体却鼓励减少教师教学时间来保证他们的科研学术活动。很多高校校长及管理人员平时要花大量时间来处理这些矛盾。虽然营利性大学也要处理资助人问题,但是他们工作首先要解决的是股东的问题。很多人都有发言权的观念根植于资助人型的高校模式中,处理这种观念需要大量的时间和极大的耐心,而这常常会延缓决策过程,这种强调每个资助者参与和干涉高校管理的行为产生了下面的第五个区别:共同管理与传统管理。

五、共同管理/传统管理

共同管理的观念在非营利性大学中根深蒂固。例如,在英国、法国以及德国的大学中,据说学院评议会的权力要比校长的权力大得多。[16]相比之下,美国大学的校长和教务长尽管常常觉得没有什么权力,但是他们的实际权力似乎很大。"虽然共同管理显然是一种开明观念",图雷恩大学(Tulane University)校长斯科特·科文(Scott S. Cowen)评价道,"可是具体执行起来,实际上它会成为高等教育未来发展的障碍。"[17]科文对传统高等教育中闻所未闻的具有竞争性的新方案直言不讳,部分原因是新的营利性高等教育公司的兴起与成功。因而,他也希望自己的大学或者其他大学至少在一些重要决策方面能够快速高效起来。而阻碍快速高效决策的正是共同管理的传统。科文补充说:"共同管理的真正狂热者教导说,共同管理本身就是我们的终极目标,而实际情况并非如此。"[18]

然而,共同管理还是深深融进了大学中,甚至还融进了营利性大学中。虽然这些公司有自己的优势:它们可以而且确实重新使用了共同管理观念,并且把这个观念应用到某些领域,又把它从别的领域排除出去。根据我的经验,营利性大学的管理策略是允许充分的共同管理来避过地方认证考察小组的眼目,并阻止教师组成联盟。这样做时,营利性大学中的大学就保住了决策过程的管理控制权,同时还为共同管理做了准备。例如,营利性大学的教师没有终身制,这改变了教师(受雇方)和大学(雇方)的权利平衡关系。虽然,营利性大学的教师确实享受一定程度的教学自由,并且也充分参与了有关课程的决策。然而,在另一些领域,如招生要求方面,营利性大学中的教师就没有什么发言权。(营利性大学中教师的终身制、学术自由、机构文化等方面的问题将在第五章中讨论。)

营利性大学的管理结构和管理过程是以传统公司的管理价值观为基础的。它们实行经理负责制,经理有决策的义务,也有决策的权利。在这些情况下,管理没有按照传统学术领域这个词的意义方式共享,这样做的理由可以用一个词概括——老板。

在营利性大学工作的一个实际情况是老板的出现,尤其是由一个总部掌管多个分校的营利性教育公司的情况更是如此。这些分校的每个员工至少有一个老板,有时甚至有两三个老板,至于老板是谁,肯定不会搞错:因为每年老板负责评估员工业绩,而评估又直接影响员工的薪水和升任情况。对比之下,传统大学的大学模式却是要有意模糊老板和同事的区别。虽然他们实际上是老板,可他们对于担当这个角色心怀歉意。所以院长想成为你的同事,教务长也想成为你的同事,甚至校长也想成为你的同事。在营利性大学,老板绝不是你的同事,而是你的顶头上司,而你只是他的雇员,你的地位、威信、责任以及权力都比他低,这一点非常清楚。任何共同管理都会不可避免地导致权利分配不均,因此老板必须对任何要求共同掌权的借口进行制裁。虽然当今美国很多公司都有较为开明、能够与时共进的领导和管理人员,但是营利性高等教育公司还都是按照比较可靠的监督方式保守地进行管理。(第五章将充分探讨营利性公司——监督工作是它们的工作重点——的管理文化以及为什么这种保守方式能在营利性高等教育公司成功运用。)

六、声誉动机/利润动机

第六个区别描述的是促使高等教育机构实现其目标和宗旨的潜在动机。非营利性大学的潜在动机就是我所说的声誉动机,而营利性大学的动机是与之相对的利润动机。声誉动机就是想跻身于排名竞争激烈的大学队伍中去并想在其中取得好名次。所有高校都有一大群比较对象,这些对象一般不是一流的常春藤联盟,就是准一流大学、最划算的大学(the best buys),以及那些周边的竞争对象。尽管人们对那些登载大学排名方法的出版物如《金钱》(*Money*)、《美国新闻与世界报道》(*U. S. News & World Report*)存在一些质疑,然而,那些榜上有名的高校大多数对这些排名非常看重,而那些榜上无名的高校却想跻身其中。当一些高校规模不断发展壮大时,它们经常会落入这样的一个怪圈,即想成为小哈佛。为达此目的,它们不断寻求代表声誉的一些东西,如捐赠席位,甚至有的学校为了得到更大声誉,不惜更改校名。很多州立学院都设法改成大学,有的州立大学竟然丢掉"州立"这个词,只称大学。现在的孟菲斯州立大学(Memphis State University)就是这样,它原来叫孟菲斯州立学院(Memphis State College),后来改为孟菲斯州立大学,现在把"州立"这个词丢掉了,只叫孟菲斯大学(Memphis University)了。有时想获得更大声誉的动机会促使高校采取一些触犯校友会或者疏远地方社团的行为。例如,当特莱顿州立学院(Trenton State College)做出把校名改为新泽西学院(College of New Jersey)的决定时,惹恼了特莱顿市的缔造者们,也惹恼了普林斯顿大学的捍卫者们(因为普林斯顿大学的前身叫做新泽西学院)。

营利性大学对声誉却不怎么感兴趣,它们的办学动机是获得利润(在第四章中,我会谈到利润动机在非营利性大学中尽管不像它在营利性大学中那么明显、那么强劲,可实际上依然存在)。营利是股东模式企业不可避免的动机,对于营利性大学,利润动机被诠释成一种影响整个机构的要点法则。在这种环境下,由于营利性大学把教室当做收支来源且花费最高的地方,因此教室的教学用途就变成了一种受到严密管理的服务运作行为。

简单地说,营利性大学采取的是非常传统的教育模式——老师给学生面授——却把它当做企业来运行。规模经济和运行效率在营利性大学里得到了淋漓尽致的体现,我们熟悉的传统高校在空间利用、班级规模、教学人员调配等方面的低效率在这里几乎看不见了(在第六章中,将会讨论传统高校低效率运行引起的奢侈现象)。

代表着教育机构最大固定开支的教学人员,在营利性大学得到了充分的调配。在传统高校,教学人员通常拿出1/3到一半的教学时间用于其他事务,主要是科研、行政或者管理,以及一些服务活动。这样的时间割舍可能对于研究型大学来说是非常必要的,但是对于那些应用型的营利性大学来说,这是一笔带不来利润的开支。在营利性大学,教师教学工作量很大(通常每周要上四五个班级的课),他们几乎没有科研时间和参与管理的时间,这为营利性大学节省了大笔的成本。

然而能产生利润的不仅仅是效率和规模经济。在营利性大学工作的经验告诉我,获得利润的两个最重要的因素是教学质量和教学服务。至今还没有听说哪个营利性大学不提高教育质量和教学服务水平却能够生存下来。如果有人认为营利性大学的利润是靠规模教育提供的劣质教学来获得的,那他就大错特错了。因为教育消费者,尤其是营利性大学的消费者,他们都是比较成熟、见多识广、不容易轻易满足、比较苛刻的消费群体,他们要求回报学费的,应该是实质性的、较为严格的教育以及较为方便的各种教学服务,一旦学校满足不了他们的要求,他们就会另辟蹊径。

当传统非营利性大学极力想保持收支平衡时,这些营利性大学为什么能够营利,它们是怎么营利的,这些问题在第四章中将要详细讨论,同时,还要探讨一下营利动机的弊端——贪婪和推销。这里讨论的只是营利性大学的利润动机取代了声誉动机。

七、知识培养/知识应用

现在,一些重点大学的主要精力是通过基础研究、应用研究、实验以及科学发现等手段去促进知识的产生和推动学科的进步。在这些大学里,到处弥漫着这种工作观,因此甚至有人说这是大学理念的核心内容。文科院校代表了另一种知识培养的价值传统,即通过智育、道德习惯、品行的培养,达到内在修养的不断提高,而不是外在行为的提高。[19]几乎每个比较知名的传统高校都把知识产生、传播与发展作为自己的核心价值观,这些价值观受到学术自由的保护,并且差不多都融入了教育宗旨中。即使是营利性大学,也没有完全忽视这些价值观,因为这些价值观差不多都包括在各种认证标准和州执业标准中。例如,虽然德夫里没有文科学位授予权,新泽西州却要求其新泽西分校50%的学士课程是文理科课程。整个高等教育领域都深受我所说的培养知识这一价值观的影响。事实上,全国中学后教育发展中心(National Center for Postsecondary Education Improvement)最近进行的有关教学人员的激励机制的研究发现,"研究模式已经充斥所有类型的高等教育领域"。[20]

知识学习还有一种观点。该观点在承认产生新知识的价值观的同时,也认为应该优先考虑另一种价值观,即运用已有的知识去解决一些实际问题。正如我在第三章中要讨论的,自美国殖民时期就开始发展的营利性高等教育就把侧重知识应用以及培养各种技能来解决实际问题的价值观作为自己的重要价值观。这个重点要求教育应该与当前的教育市场需求——尤其是与那些有强烈需求而传统高校又无法满足的各种职业教育与职业培训——联系在一起。

八、学科导向/市场导向

市场反应度是营利性玩家们的制胜法宝。例如,菲尼克斯大学过去十年中的显著发展主要是因为它抓住了机遇,并且进行了成功的市场定位。菲尼克斯大学之所以能在众多的竞争者中鹤立鸡群,主要是因为它在适当的时机处于适当的位置,并且提供了适当的产品和服务。当成人学生占到整个学生人数的50%时,菲尼克斯大学所提供的一切正是大多数成人学生所需要的东西,正如菲尼克斯大学校长乔治·德·艾尔瓦(Jorge de Alva)所描述的那样,"学生和学校之间是一种职业性、事务性的关系。这种关系的特点是方便学生,为学生提供的服务和教育讲究成本效益和时间效益,质量具有可预测性和一贯性,服务目的严肃,为学生提供优质服务,而不是去满足学校教学人员、管理人员或者是工作人员的需要"。[21]艾尔瓦描述的这种需求也适合德夫里公司、斯特拉耶教育公司、教育管理公司以及阿格西教育集团等营利性教育机构,这些公司在拥有1 500万学生的庞大的美国高等教育市场中找到了属于自己的那个利基市场,即风险小的营利市场。

市场反应度要求机构能适应风云变幻的市场。这具体表现在:课程必须快速持续地更新;当有市场需求时,必须开发和启动新项目;现有的课程和项目一旦无法满足当前市场的需求,必须舍弃。由于许多传统非营利性大学是以学科为导向,而不是以市场需求为导向,所以它们往往对这些方面的市场需求,要么是没有什么反应,要么是反应太慢。营利性大学主要倾听的是市场需求的呼声,而非营利性大学倾听的却是学科的呼声。

学科的变化由教学人员掌握,它往往是一种经过深思熟虑后产生的渐进的缓慢变化。传统高校模式往往非常重视由学科及其任课教师来主导课程的变化,结果,很多高校的学科变化往往只是学科演化。即使受聘老师的课程需求量很小,学校还得负责调配他们的教学。除了以往所强调的包容、合作以及达成共识外,以学科为导向的高校要比以市场为导向的高校对市场关心的程度小得多,市场的反应能力也慢些。

九、投入质量/产出质量

在资源配置和教育质量评估方面,营利性大学常常把重点放在教育产出——即学生满意程度、课程保持率、课程完成率以及就业率上,而非营利性大学则习惯把重点放在教育投入——即生源选择、师资背景以及各种各样的课外项目和课外活动上。比如,营利性大学对学生就业情况进行了认真的测定,对此,它们通常在人力、物力、财力等方面进行了大量的投入。以我所在的德夫里为例,它的在校生为3 500人,就业办公室配备了13名专职工作人员,其中有10名是专业就业顾问。这表明,在就业操作方面它比大多数非营利性大学的投入多。十几年来,德夫里的毕业生就业率一直高达95%,遥遥领先于大多数非营利性大学。很显然,毕业生就业率是德夫里的核心价值观,也是它评估大学质量的重要手段。

相比之下,很多传统非营利性大学并没有测定和报告毕业生的就业率。相反,它们常常把重点放在生源选择和学生学术智能测验成绩

(SAT)以及美国大学测试(ACT)成绩上,它们在这些方面进行了仔细的测定和详细的报告,因为这些是大学质量和大学排名的指标。

十、教师权力/顾客权力

最后一个即第十个区别是大学权力的所属问题。在绝大多数——也可能是所有——非营利性大学中,教师是管理结构的核心力量。长期的传统、学科的主导地位、终身制机制、学术自由的原则、共同管理以及对设立分校数量的集体参与等都对教师的权力起到了加强和保护作用。在营利性大学环境下,教师的权力受到了很大的限制,他们通常都没有什么机构权力。在菲尼克斯大学、德夫里公司、教育管理公司、阿格西教育集团和斯特拉耶教育公司等机构,较强的顾客型服务模式使高校的权力重心发生了转移。在这类机构中,学生、经理或者老板变成了权力重心。(第五章将讨论这种权力转移及其对高校生活的启示。)

第五节　跳槽到营利性大学

那些从传统非营利性大学跳槽到营利性大学的教育人士会有似曾相识的感觉。大多数人都发现,把营利性教育模式和非营利性教育模式相比,说不上谁好谁坏,它们只是不同的教育途径而已。营利性大学公开追求利润,学生和学校间的经济关系没有虚伪性,这让人感到可信,而我们大多数跳槽的人士都觉得这很新鲜。在两种高校都工作过的管理者,甚至是一些教师,都觉得不和终身制打交道,真是如释重负。

在营利性大学,很多次我真正体会到了管理的自由:可以进行真正的决策,可以真正地执行它们。例如,当你在12个月内把市场需求较大的一个新学位课程从设想变成现实时,就会有一种成就感。当我能够处理一些教学人员(简单地说,是一些教学败类)的问题时,我就觉得很有成效,对学生尽到了责任。例如,我和其他老师亲眼目睹了一名老师,用猥亵的语言、挑逗性的动作以及赤裸裸的调情等方式骚扰女学生。事发后,我能把这个家伙立即开除,感到很快慰。这在传统高校中是绝对不可能发生的,因为在那种环境里,教师的终身制会阻碍我立即采取行动。

然而,坦率地说,像我这样从传统高校跳槽到营利性大学的人也会有种失落感。因为我觉得自己远离共同掌权、共同管理的理想,而我认为这些理想是高尚的、进步的,是值得我们为之奋斗的。在德夫里,在和院长以及教师打交道的过程中,我经常发现自己处于这样一种尴尬境地,即我的共同决策的自然本能和公司对各种争端产生的低效率而缺乏耐心之间的矛盾。此外,在德夫里工作期间,有时我感觉到教师没有得到应有的尊重和职业地位。例如,我所在的大学,经常在学期休假期间举办由教师自己提供的主题座谈会。即使在教师出席率高达90%的情况下,高层管理者还要求我记考勤,记下缺席人员的名单,可能还会因此克扣他们的工资。我不赞成这种做法,因为我认为这是对教师的侮辱,每当老板要求我这样做时,我就会感到一种强烈的失落感。相反,我希望大学能尊重吸引力原则,即让这些座谈会变得富有刺激、具有相关性,我想要是这样的话老师肯定都会出席。如果只有90%的老师出席(这在我看来已经非常不错了),道理很简单,这说明这些座谈会还不够好,吸引力还不够大。

在我20年的私立学校、市区大学、州立政府赠地大学、文科学院以及现在的营利性大学的管理生涯中,我经历了这些大学的各个时期:成长期,发展壮大期,衰落期和萎缩期。发展期无疑是最令人满意的时期,因为兴建新校园、聘请新教师、投资技术、教师旅游以及一些项目开发通常有充分的财力,这些都使得这个时期富有刺激性。如果你和我一样喜欢在一个具有叛逆性质的机构工作的话,这个机构需要向怀疑家们证明它存在的价值,并且它也有这个财务实力去证明它的价值,那么我想营利性大学就是一个令你兴奋的场所。

然而,还有种失落感,叫做悲哀,是一种淡淡的哀愁,在佛教中它被叫做"梦想破灭"。在《纽约客》(*New Yorker*)上的一篇题为《速成高等教育》(*Drive-Thru U*)的引人入胜的文章里,詹姆斯·特劳伯(James Traub)写道:"传统的美国大学既有封闭的一面,也有田园牧歌的一面。它起源于宗教,对非尘世的生活做出承诺。"[22]营利性大学的初衷则是世俗的。特劳伯对此这样描述道:"把自己看做智力文化的伙食管理员的机构变得越来越不重要了,而其他机构却争相向学生提供食宿。"

那些历史悠久值得称羡的理想——共同管理、精神生活、为学习而学习——有时像秘密情人一样出现在我的梦境中。在我心灵深处,有一些古老的信念在抵制这种观念,即效率和实用应该决定社会利益。在价值观念的这种转变过程中,存在着真正的失落,我猜想学术界的每位同仁,不论他们处于什么样的学术团体中,都会在一定程度上感受到这种失落。

这也许是我喜欢成为壁画委员会成员的原因,壁画委员会由10个学生和教师组成,他们要在两个学期内,在德夫里校园划给学生使用的50英尺的墙面上设计并绘制一幅壁画。壁画的绘制过程就是体现个人艺术表达和集体观点和谐相处的缩影。我们在50英尺的墙壁上合作,有时会出现分歧,但是我们还是设法尊重大家各自的艺术感受,同时也把自己的个人风格融入到作品中去。那些日子对我来说非常重要,也最有成就感。

第二章

玩家们

正如前章提到的,本书的主要对象不是大家熟知的那种私营学校,而是一种新的教育机构模式:由民营营利公司所有、得到认证机构认证并且具有学位授予权的高校。从它们的结构和运行方面来看,它们和传统非营利性多分校的公立大学的共性要比它们与传统私营性学校的共性多。它们的业主和责任人不是私营者,而是成千上万持股的民众。它们的预算是通过一年一度与它们的公司协商来决定,这种预算和公立大学与州立法团体的协商没有什么两样。它们的成功最终取决于满足所在区域学生和雇主的需要程度。

当然,这些机构和公立大学之间也有显著的区别。有意思的是,这些区别并不是源于它们的营利性和非营利性地位的差别,就像我第四章要讨论的,这种差别基本上是在财务、法律以及税收等方面,而它们的真正差别似乎跟机构宗旨和机构文化有关。与传统公立大学(包括私立非营利性大学)"教学、科研、服务"的宗旨不同,营利性大学的宗旨更为集中,它们的目标是面向特定的市场部分,面向特定的产业,局限于特定的学习领域。和大多数公立大学不同,它们很清楚哪些事不会去做。

决定哪些不属于机构宗旨,因而哪些不属于预算、教学大纲、教师的工作范畴,这是许多非营利性大学尤其是很多资源有限的中小型高校面临的一个棘手问题。在我曾担任院长的那个地方大学,校长班子多年来一直在苦苦解决如何把机构宗旨集中化的问题。其实,这种努力最终归结为决定哪些内容不属于机构宗旨,这就意味着必须舍弃一些方面。更深层次的问题是,这所大学几十年来都努力赢得"综合性大学"的地位,这意味着它必须能开设各种专业,必须具有各种学位的授予权。例如,历史系有五位专职教师,而历史专业也差不多有五个。与此同时,学生需求很大的工商管理和心理学课程,资源却极为匮乏。想成为"综合性大学"的愿望也意味着要提高教师们在相关学术期刊上发表文章的数量。教师要想得到终身制,必须要有学术成果。这样,教师从事科研的时间就会增多,工作量标准就会从每周12小时减少到9个小时,兼职教师的数量因此而相应增加。尽管有各种各样的美言,说科研如何能刺激优秀的教学,但是,这所大学的实际情况是,它的价值体系已经变化,它的财政和人力资源已经偏离教学。

第一节 对营利性教育机构的基本质疑

在营利性高校环境下,机构宗旨是不包括科研和学术能力的,或者即使提到,对它们也只是轻描淡写。基础科研及学术活动是这些机构决定不去做的事务。这种排除就引起了这样的质疑:作为大学,它们怎么能够推动知识的进步。它们的教师没有终身制,依赖从业人员做兼职教师,这使人们对它们承诺的学术自由和维护知识中心的能力产生了怀疑。由于它们的课程设置局限于有很多前所未有的职业需求的领域,如通信和信息技术,对于职业需求较低的领域,如物理、历史、英语文学、美国研究,就不开设专业课程或者学位课程。它们属于高度消费者型的机构,这又引起了这样的质疑:它们是否能够保持应有的学术严格性,是否能够抵制为了讨得顾客的欢心而让学生得高分的做法。在入学方面,它们的选择面常常较小,往往把更多的机会提供给上班族、大量成绩较差的学生,以及经济、社会、政治地位处于边缘的学生。这些问题自然会导致这样的疑问:是否这些大学代表了水分较大的大学教育,尤其因为它们对职业培训业务似乎并没有任何愧疚的表示。更大的疑问是:这些机构是真的在服务社会还是在通过收取服务费以谋取利润?

这些都是本书要解决的基本问题。这些问题的答案对所有高等教育都有启示。研究型大学、文科院校、地方性州立高校、得到较少赠款的私立教育机构以及两年制教育机构都变得越来越面向顾客,对教育市场越来越敏感了。很多教育机构正在聘用越来越多的兼职教师,有很多教育机构,因为它们的名称似乎不太符合传统教育机构的定义,纷纷把名字改为"大学"。多年以来,各高校对于这些变化都心知肚明。令非营利性大学的很多教育人士吃惊的是,营利性大学拥护这些变化,它们的步子迈得较快,做得更有成效。正如第一章中所指出的,高等教育中的营利性部分是高等教育产业中唯一在招生、机构数量以及市场份额等方面有所增长的部分。这些机构显然和学生数量、雇主数量、个人投资者数量,甚至是传统教学人员(这些人员从传统高校跳到营利性大学,为了职工优先认股权,放弃了在传统高校的终身制待遇)的数量增长高度相关。

这些营利性机构的玩家们是谁?他们来自何方?他们在营利性机构中是怎么生活、工作和学习的?他们能抓住高等教育领域中多少商机?为了搞清楚这些疑问,我们有必要对高等教育产业这一部分有个较清晰的界定,我挑了五个主要的营利性机构来做详细的描述。这五个机构连同其他机构在本书中被用作范例来描述营利性大学的发展与成长、财政状况、实际运行以及学术文化等方面。这五个教育机构是:阿波罗集团公司(Apollo Groups, Inc.),其代表学校是菲尼克斯大学;阿格西教育集团(Argosy Education Group),其代表学校是美国职业心理学校(American Schools of Professional Psychology);德夫里公司(DeVry, Inc.),其代表学校是德夫里技术学院(DeVry Institutes of Technology);教育管理公司(Education Management Corporation),其代表学校是国际艺术学院(Art Institutes International);斯特拉耶教育公司(Strayer Education, Inc.),其代表学校是斯特拉耶大学(Strayer University)。表2.1提供了这五个机构的一些基本信息。

表2.1 五个营利性玩家简况

名称	成立时间/上市时间	核心学校	分校数量及地址	招生人数	课程	认证机构
亚利桑那州菲尼克斯的阿波罗集团公司	1976 1994	菲尼克斯大学 职业开发学院（Institute for Professional Development） 西部国际大学（Western International University） 财政计划学院（College for Financial Planning）	美国和波多黎各共137所	100 000	从证书到硕士学位	中北部认证机构和其他专业认证机构
伊利诺伊州芝加哥的阿格西教育集团	1975 1999	美国职业心理学校 萨拉索托大学（University of Sarasota） 约翰·马歇尔法学院（John Marshall Law School） 普莱姆技术学院（Prime-Tech Institute） 梵特拉集团（Ventura Group）	美国7个州共17所	5 000	主要是博士和硕士课程，还有其他课程	中北部认证机构 美国心理学会
伊利诺伊州芝加哥的德夫里公司	1931 1991	德夫里技术学院 凯勒管理研究生院（Keller Graduate Schools of Management） 丹佛技术学院（Denver Technical College） 贝克肯瓦瑟会计师考试复习中心（Becker Conviser CPA Review）	美国10个州和加拿大共19个分校，30个凯勒教学点	50 000	从证书到硕士学位	中北部认证机构 工程技术认证委员会

续表

名称	成立时间/上市时间	核心学校	分校数量及地址	招生人数	课程	认证机构
宾夕法尼亚州匹兹堡的教育管理公司	1962 1996	国际艺术学院纽约餐饮学校（New York Restaurant School） 全国法律助理培训中心（National Center for Paralegal Training）	17个城市20个分校	20 000	从证书到学士学位	中北部认证机构 新英格兰认证机构 南部协会
华盛顿特区的斯特拉耶教育公司	1982 1996	斯特拉耶大学	3个州12所分校	12 500	副学士学位到硕士学位	中部认证机构

这五个机构一共代表了244个分校（包括大约100个左右的教学点，正规地说，它们的规模算不上分校），2000年，它们的总招生人数大约为19万。它们是从约45家具有学位授予权的上市公司中挑选出来的，代表了当前营利性大学中开设的不同课程。这五个公司中的每个公司在教育重心、历史、学术文化方面都有其独特之处，每个公司都打算吸引那些不被传统高校接受的特殊学生。

我们先了解一下这些教育公司招收的学生情况，然后再逐一详细地介绍它们。

第二节 营利性大学的学生情况

营利性大学的学生和大多数教育机构的学生一样形形色色，有的是刚刚中学毕业还没有找工作的18岁少年，有的是寻求职业发展的中年人。例如，德夫里公司5万学生中，有1/3是刚刚毕业的中学生，虽然他们的成绩并不具备上大学的条件，但是根据年龄，他们应该是大学一年级的学生了。教育管理公司艺术学院的2万名学生大多数才二十出头，他们不是没有找工作，就是在做他们不想干的兼职。菲尼克斯大学10万名学生一般年龄在35岁左右，他们做全职工作，平均年薪为56 000美元。阿格西教育集团的一个分校萨拉索托大学，其中攻读商业和教育博士学位的学生平均年龄为41岁。

假设因为存在着这样的差异，我们就因此去对营利性大学的学生加以笼统化，那是件危险的事。所有有关这些学生的统计信息都只是粗略的，因为营利性大学出现的历史并不长，全国高等教育统计中心收集和公布的数据还没有完全跟上这个趋势。例如，直到最近，全国高等教育统计中心才把私营性教育机构的学生数据和社区大学、专科学院的数据汇总在一起。虽然美国教育部在1999年公布了第一份营利性教育机构学生的综合统计报告，但是报告中的数据只是关于1993—1994学年以及1995—1996学年的，并且主要集中在四年制以下的学生，[①]高等教育中营利性部分的发展壮大主要是1995年以后的事，而这比全国数据库提供信息的时间晚了好几年。

尽管存在这些局限性，然而我还是想在现有的国家数据和一些营利性公司提供的信息基础上，勾勒出一幅四年制营利性大学的学生种类的综合图。在实地参观了几所主要营利性高等教育公司的分校后（我走进课堂，和学生进行了交流），我利用观察到的第一手资料描绘出这幅图景。

美国能源部（DOE）在1996年出版了一份关于非传统高校大学生情况的研究结果，这份研究提供了一些公立大学、私立大学以及营利性大学学生种类的区别，这些区别很有价值。[②]表2.2总结了这些差别，也表明了这些年的趋势。

表2.2　公立高校、私立高校以及营利性大学大学生的特点

	1986	1989	1992
年龄较大的大学生[a]			
公立高校	57.0	59.1	61.5
私立高校	36.2	37.0	37.0
营利性大学	70.3	74.3	76.4
经济独立的大学生[b]			
公立高校	48.7	50.5	49.0
私立高校	31.5	32.7	37.6
营利性大学	61.8	68.7	68.3

续表

	1986	1989	1992
经济不独立的大学生^c			
公立高校	20.9	22.8	19.9
私立高校	12.1	13.3	14.8
营利性大学	31.9	37.9	36.2
单亲家庭的大学生			
公立高校	6.3	6.7	6.4
私立高校	3.6	3.9	4.7
营利性大学	18.0	21.6	19.4

数据来源：L. 浩恩和 D. 卡罗尔，《非传统大学学生 1986—1992 年入学趋势以及 1989—1990 中学后教育新生保持率和成绩情况》，美国教育部，全国教育统计中心统计分析报告 NCES97-578（1996 年 11 月）

L. Horn and D. Carroll, *Nontraditional Undergraduates*: *Trends in Enrollment from 1986 to 1992 and Persistence and Attainment among 1989 - 90 Beginning Postsecondary Students*, U. S. Department of Education, National Center for Education Statistics, Statistical Analysis Report NCES97-578 (November 1996)

a. 大学一年级学生年龄一般为 20 岁以上，二年级为 21 岁以上，三年级为 22 岁以上，四年级为 23 岁以上。

b. 指决定依靠财政援助的学生。

c. 他们的经济依靠对象不是他们的配偶。

这些数据表明：营利性大学的学生要比非营利性大学的学生年龄大。全国高等教育统计中心 1999 年的统计报告证实了这些发现，报告表明在 1995—1996 年间，四年制营利性学校中，40% 的学生年龄在 30 岁以上，比 1991—1992 年间的 30% 有一定的上升。[③]据我判断，营利性大学 50% 的学生年龄在 30 岁或 30 岁以上，另外的 30% 年龄在 18—23 岁之间，剩下的 20% 年龄在 24—29 岁之间。表 2.2 还表明，和传统公立大学和私立大学的学生相比，营利性大学的学生中，经济能够独立的学生、靠别人资助的学生以及来自单亲家庭的学生比例要高得多。

营利性大学通常还吸引很多妇女和少数民族学生。在 1988 年，向有色人种学生授予学位的前 100 所大学中，私营性大学占了主要部分。1998年，名为《高等教育中的黑人学生问题》(*Black Issue in Higher Education*)的期刊报道说，授予少数民族学生工程技术和计算机与信息科学等专业学士学位的前几名高校都是营利性的。④我所在的德夫里新泽西分校，40%多的学生是黑人（这个百分比是新泽西所有学校中最高的）。在斯特拉耶大学，43%的学生是黑人。在1991-1992年间的全国高等教育统计中心的报告中，西班牙学生占了四年制营利性大学学生的8%（非营利性大学中的比例为5%）。到1995-1996年间，这个比例增长到了18%（非营利性大学中的比例为8%）。在1991—1992年间，女学生占了四年制营利性大学学生比例的53%（非四年制营利性大学中，女生的比例为67%），非营利性大学中的比例为47%。（为什么营利性大学中少数民族学生的比例较高，这个问题将在第三章中讨论。）

营利性大学的大多数学生每周上课时数为35个小时或者35小时以上。全国高等教育统计中心的数据表明1995—1996年间，58%的学生能达到这个标准，比1991—1992年间的50%有所上升。根据本书中我现场参观过的五个主要营利性教育公司的情况，我估计大约2/3的营利性大学的学生在1999—2000年间周上课时数为35个小时或者35小时以上。相比之下，非营利性大学中只有1/3的学生能达到这个数字。全国高等教育统计中心还报告说，营利性大学的学生中学毕业至少一年后，才开始上大学的比例很高，1991—1992年间的比例为46%，1995—1996年间的比例为47%。

2000年3月的一份全国高等教育统计中心的报告表明1995—1996年间，有差不多一半的营利性大学学生被划归为低收入一类。相比之下，非营利性大学大学生的这个比例只有21%~26%。⑤

总体而言，在营利性大学攻读学位的学生一般都符合下列情况：女性，27岁，少数民族（美国黑人、西班牙人或亚洲人），美国公民，已婚，有一两个资助人，一边做全职或兼职工作，一边上学，接受过大学教育，中学时成绩并不出众，在以前的大学教育中有过成功，并逐渐意识到大学学位是找到好工作、过上好生活、获得职业发展机会的最合理、最有效的途径。也许是有生以来第一次有强烈的学习动机，对学习非常看重。把高等教育看做是达到目的的手段——这是迈向美好未来、有较好经济保障、有更多生活选择的非常务实的一步。在攻读学位时，拼命地平衡学校、工作和家庭义务。攻读学位要花多长时间，为了达到这个目标必须牺牲多少，学费要花多少都是非常重要的问题。和大多数学生一样，通过财政资助、贷款和个人储蓄等相结合的方式来支付教育费用。

下面我就带大家走进这五个主要的营利性机构看一看，首先是教育重心和学位课程都突显于其他机构之上的两个机构：教育管理公司和阿格西教育集团。

第三节 教育管理公司

在费城商业区的坚果街（Chestnut Street），四面是林立的店铺和咖啡馆，费城艺术学院占据了极有特色的八层楼高的艺术装饰大楼，这座大楼建于 1928 年，是哥伦比亚广播公司的建筑。费城历史委员会已经把这座大楼定为历史遗产，而且它的外部本身就是杰出的艺术品。大楼内部、电梯以及楼梯井等处也残留着最初的艺术装修图案。入口处的大厅也被用来当做陈列室，学院的教师、学生，以及其他艺术家都在这里展览自己的作品。

一进大楼，感觉它是某个企业的办公大楼，有正式的接待区，有值班人员负责其他楼层的出入情况，还有一个艺术陈列室。大厅高大开阔，两侧挂满了展览的作品，旁边的小桌上有介绍艺术家和他们作品的宣传册子。我参观费城艺术学院的那天，陈列室展出了 75 张镶在框里的黑白照片，作为对专职教师工作的回顾。

而楼上，看起来更像是教育场所。它就像经历了很多次内部装修，有 70 年历史的大城市办公大楼一样，给人的感觉很旧。学生和教师的展出作品特别醒目。过道里有很多玻璃陈列盒，陈列盒里装满了照片、图画、模型、油画、电脑制作的图片，它们都是学生在学习期间制作被教师作为范本挑选出来的。代表学院非正式休闲文化的作品要数那些用胶带贴在教室墙壁上的作品，或者画在白板上的简笔画、钉在门口的作品、挂在暗室中风干的作品以及支在工作台上的作品。从教师办公室到电视演播室再到计算机动画实验室,整个大楼就是一个不断变化的作品陈列室。教学空间风格迥异,有配有木制画架和模特平台的传统人体绘画工作室,也有录像制作工作室,还有14个配备较好的计算机实验室以及配有书写椅的传统教室。

费城艺术学院招生人数为2 500人,是艺术家菲利普·特拉齐曼(Philip Trachtman)于1971年创建的,并于1979年被教育管理公司收购。该学院奉行开放式入学政策,学生入学只需要中学毕业证书、入学申请和面视。学院学生平均年龄为23岁。2000年,每个学季的学费标准为4 125美元。学院开设了绘图设计、计算机动画、室内设计、产业设计技术、摄影、多媒体与网页设计、录像制作、时装营销、时装设计,以及在附近设施里开设的烹饪等方面的副学士和学士学位课程。

和大多数艺术学校不同,费城艺术学院并不需要入学作品。专业作品的创作是每个学生毕业前要实现的教育目标。学院宗旨规定的非常清楚,学院的目的就是使学生具备商业美术职业所需要的入门水平。每个班级平均18人,最大的班级为30人,最小的美术工作室班级只有12人。大约40%的学生能完成学位课程。在毕业后的6个月内,学生就业率为90%。刚就业的学生平均工资一般——副学士学位大概25 000美元,学士学位刚过3万。

尽管费城艺术学院周围还有其他五所位于或者毗邻费城商业区的艺术学院,但是它已经在竞争中找准了自己的位置。费城艺术学院的院长斯太希·索契克(Stacey Sauchek)对招收的学生的实际情况毫不掩饰地说:"我很清楚激发学生的学习动机和与学习有障碍的学生打交道是怎么一回事。"她拿她自己所学的学校心理学的教育背景作为参照,包括她所做的关于学生好斗行为的博士论文。⑥她承认,虽然学院的学生中有一小部分已经获得了学士学位或者硕士学位,但是绝大多数学生都没有"辉煌的学习背景"。关于她学院周围有很多艺术精品课程的问题,她指出:"总是有很多财力、物力、人力致力于最优秀学生的教育,那么谁来管那些学习成绩中等的学生?谁来管那些学习成绩较差的学生?"

费城艺术学院的特殊宗旨就在于此:招收有创造力的学生,也许他们的学习背景没有什么光环,但是他们要求掌握技能和获得大学学位来帮助自己谋取更好的职业,他们的这种学习动机非常强烈。索契克说,整个高等教育领域,很多老师都想教优秀学生,但是我认为那些成功地从事非优秀学生教学的老师,他们所从事的事业非常高尚。索契克说:"因为在很多情况下,这也是学生们第一次在学习环境中真正尝到成功的滋味。"

在费城艺术学院,我观察和交流过的学生似乎有强烈的集体感,他们的同学友谊非常深厚。究其原因,索契克解释说:"许多学生曾经不论是在学习上还是社交上,都是孤家寡人,他们身上刺有文身,在中学的社交圈中也许就处于边缘。可是当他们来到我们学院后,发现自己和其他很多有创造力的学生并没有什么区别。"确实,当我在校园里转悠的时候,我自然地注意到这些文身,发现它们刺得很深。我还看到学生们对待学习的态度非常认真,他们有明确的学习目标,作业也许既是他们个人的艺术表达形式,又是课堂任务。很多学生在工作室和实验室待的时间远远超过了教学要求的时间。许多学生整天都在学院里做色彩设计,饿了就随便吃个三明治,偶尔也会走到大楼前面抽上一支烟。

索契克说:"让学生入学是件好事,但是,如果学生入学以后,学校非常清楚他们取得学业成功,未必要掌握一些技能,而学校却在这些技能方面为难他们,这就显得很不公平。"她很动情地谈到了学院的毕业典礼。在毕业典礼上,很多学生和家人高兴地共同祝贺他们家庭中第一个取得副学士学位的成员。为了提供学习帮助和社会支持,学院建立了很好的学生帮助体系,每个学生配有同学辅导员和专业学习顾问。学生服务处的负责人告诉我,在一个学季,她和其他工作人员每周要会见大约150名学生。有8位教师做了课程学监,同时还要花大量的时间来辅导学生。

费城艺术学院的教师队伍由75名专职教师和120名兼职教师组成。几乎所有的教师都是专业艺术工作者、艺术顾问以及艺术从业人员,他们大多数人都有硕士学位,有几个人有博士学位,有少数核心艺术及设计的教师没有什么高级学位。教师的工作量相对来说较大，每周上课20个小时，外加坐班4个小时，大多数教师每周要教5个班级，每个班级4节课。教师们虽然没有终身制，但是他们还是很有凝聚力，每隔3年与学院签署一次聘用合同。

费城艺术学院是总部设在匹兹堡的教育管理公司的一个子公司（国际艺术学院）的16所分校中的一所。16所分校中的8所已经取得了地方认证，其余8所还在争取中。除了构成教育管理公司核心业务的各个艺术学院外，教育管理公司还拥有纽约餐饮学校和全国法律助理培训中心。在2000年，公司的教育系统包括：分布于17个城市的20个分校，总入学人数为25 000人，员工3 000名。从整个教育系统来看，46%的教师为专职教师，其余的54%为兼职教师。目前，开设的学位课程仅限于本科阶段。

教育管理公司创建于1962年，于1996年上市。3年后，公司的股票价值增加了269%。在主席兼首席执行官罗伯特·克拉特森（Robert Knutson）领导下，在1999年福布斯200家最佳小公司中，它排名第56位。公司每年新增两个分校，其扩展策略是收购或者开办新校。

近年来，大多数的扩展实际上都是通过收购进行的。例如，1997年，公司购买了旧金山萨林格学校（Salinger School），后来将其更名为旧金山国际艺术学院。与此相似，1998年，它又收购了俄勒冈州波特兰的巴西斯特学院（Bassist College），后改名为波特兰国际艺术学院。最近，公司又收购了波士顿的马萨诸塞通信学院（Massachusetts Communications College）以及北卡罗来纳州夏洛特（Charlotte）的美国商业时装学院（American Business and Fashion Institute）。

第四节　阿格西教育集团

阿格西教育集团的教学重点是美国职业心理学校（ASPP）博士

阶段课程，其师资文化和其他很多非营利性研究生院的师资文化存在某些相似之处。例如，教师手册就包括共同管理和学术自由，教师在管理中的重要作用讲得非常清楚。美国职业心理学校的专职教师（共85名，还有166名兼职教师，所有教师都有博士学位）都直接参与了入学决策、教师检查和评估、课程、图书馆收购、教师招聘和雇佣等事务。在公司的高层中，学术呼声很强，这与大多数营利性上市教育机构不同。阿格西教育集团主席迈克尔·马科维兹（Michael Markovitz）和教务长杰克·萨尔茨都身为院士。马科维兹声称："我们是教育产业的教育工作者，而不是贩卖教育的商人。"[7]

然而，阿格西教育集团的学术文化和其他传统非营利性大学的学术文化之间也有显著的差异。例如集团要求教师在学期中每周必须在校4天，每天8个小时，从事临床教学的教师每周必须有5天参加临床事务。教师们没有终身制，有的只是两三年更换一次的合同。教学工作量包括一年6个教学阶段，外加两次博士研讨会。此外，教师还要担任几组临床实习学生的导师。教师的薪水虽然不是最高的，但也相当丰厚，处于美国心理学会公布的年薪的前45到46位。虽非全部，但是大多数教师都有临床经验和咨询经验，因为学校要求从事临床教学课程的教师必须有临床经验，也鼓励其他课程的老师从事临床活动。当过教师，后来又做过院长，现在是教务长助理的艾里·舒瓦茨（Eli Schuwartz）说："我希望我们学校从事变态心理学教学的教师参与诊断工作。我跟他们说过，那才是我们给你开薪水的工作，我们开的薪水并不是给你的出版物的。"[8]

不把学术出版作为工作重点，这反映了阿格西教育集团对心理学博士学位的观点。临床心理学博士学位运动30年前开始于美国心理学会，到20世纪90年代，心理学博士学位已经成为临床开业者必备的证书。1992年，美国共有37个心理学博士授予点，到了1997年，发展到55个心理学博士授予点。心理学博士学位的支持者把它和医学博士学位及法学博士学位对等起来，他们指出：医生应该获得医学博士学位，而不是生物学博士学位；律师应该获得法学博士学位，而不是法律哲学博士学位。心理学博士学位和心理学哲学博士学位不同的是，它不是研究学位，而是临床证书。阿格西教育集团的公司领导、院长、教师对此差别和它对教师角色及课程角色的影响了解得非常清楚到位。

舒瓦茨告诉我:"他们所做的大量工作都是为了把所学知识运用到临床实践中。"他认为,与在课堂上展示所掌握的知识相比,能够运用知识是一种不同的智力活动。舒瓦茨又说道:"即使学习成绩都是 A 的学生,也不一定非常清楚怎么利用人际交流来引致变化。成绩取得 A 通常只是说明他的记忆力好。学生迫切需要的思维特点应该是能够把知识融合到解决实际问题中去。"舒瓦茨充满激情地认为,传授临床技能(不论是与人交流还是解剖尸体)的最好方式是他所说的"跟我学"原则,即教师通过展示自己做临床工作的实际过程来教授学生习得各种临床技能。

阿格西教育集团的创建者和现任主席、心理学家迈克尔·马科维兹博士是哲学博士,25 年前,他参加了要求在临床心理学领域为临床工作者设立一个非研究型的博士学位的行动。在回忆建立这个机构的过程时,马科维兹说道:"当时,关于这个机构如果是非营利性质,它就更崇高的说法,并没有什么真正的意义。它的崇高之处在于这个想法的实现。"⑨

阿格西教育集团创立于 1975 年,它的前身是伊利诺伊州芝加哥的职业心理学校,该公司于 1999 年 3 月上市。2000 年 5 月,《商业周刊》(*Business Week*) 把阿格西教育集团列为 100 家快速发展的公司之一。阿格西教育集团是美国最大的心理学研究生教育机构(1998 年,它的毕业生为 360 人),也是美国唯一一家经营博士阶段教学的营利性教育公司。美国职业心理学校 10 个分校中有 5 个分校已经获得了美国心理学会的认证,其他 5 所正在争取之中,它们非常有希望得到认证。美国职业心理学校的研究生入学人数为 2 000 人(阿格西教育集团 62% 的学生在攻读博士学位,17% 的学生在攻读硕士学位)。心理学博士课程学习期限是四年,每年学费约为 13 000 美元。2000 年阿格西教育集团的各个分校共招收了 5 000 名学生。

作为投资和教育机构,阿格西教育集团的魅力一部分在于它强劲的发展记录:它接管的要么是濒临破产的大学,要么是快要失去认证的大学,要么是既濒临破产又要失去认证的大学,最后把它们的状况都扭转了过来。1992年它收购萨拉索托大学就是一个典型的例子，当时萨拉索托大学已经宣布破产，并且快要失去美国南方大学与学校协会（Southern Association of Colleges and Schools）的认证和州办学执照，学校当时的学生数不到100人。阿格西教育集团对萨拉索托大学进行了巨大的改革，挽救了它，使它的学生数在1999年超过了2 000人，帮助它拓宽深化了课程体系，使它圆满地得到了美国南方大学与学校协会的认证。

1999年，阿格西教育集团接管了位于佐治亚州亚特兰大市的约翰·马歇尔法学院，成为第一家具有法律博士学位授予权的营利性教育机构。具有68年历史的约翰·马歇尔法学院当年是在佐治亚州高级法院的直接支持下创办起来的，它没有得到美国律师协会（ABA）的认证。1987年，法院作出裁决要求，法学院必须于2003年之前取得美国律师协会的认证，否则宣布关门。阿格西教育集团买下了它10年的股权，以合约的方式来经营它。现在它已经提前完成了美国律师协会的认证程序（据阿格西教育集团的官员说，最后一关的面试进行得非常顺利），学校现在正等着美国律师协会的最后决定。

阿格西教育集团的17所分校中有8所是收购来的，其中4所原先是非营利性机构。收购的高校除了萨拉索托大学和约翰·马歇尔法学院外，还有明尼苏达医学院，该学院在几个公共卫生领域开设了副学士学位课程，并且得到了卫生教育学校认证局（Accrediting Bureau of Health Education Schools）的认证。此外，还有普莱姆技术学院，该学院在加拿大的3所分校中开设了信息技术文凭课程；另外一个是梵特拉集团，它在心理学、社会服务以及咨询等领域开设了执业考试培训课程。

第五节　德夫里技术学院

德夫里技术学院的新泽西分校坐落在美国繁忙的一号公路旁，

四面是林立的办公大楼，距路杰斯大学（Rutgers University）仅数英里之遥，它的办公楼虽然朴实无华，却非常漂亮。这个11万平方英尺的玻璃钢筋建筑的四周是一个大型的柏油停车场，每个工作日，从早上7点到下午10点半，停车场几乎爆满。大楼前面100英尺高的旗杆上，飘扬着美国的国旗和新泽西州的州旗。大楼周围的小块草地上，长着很多小树，草坪修剪得非常整齐。这一切景象很像美国市郊的办公场所。

新泽西分校的设施非常具有代表性，它是德夫里公司的19所分校中的一个，德夫里公司在美国和加拿大共有16所分校。走在大楼前面的入口处，人们马上想到的是，这是个办公楼，而不会是所学校。入口大厅里整齐地陈列着当代抽象艺术复制品、盆栽植物，德夫里公司的办学原则、办学目的以及总教育观镶嵌在大框里。一位非常专业的接待人员坐在玻璃屏风后，旁边的视频监视器里播放着当天的新闻。几位身着深色西服的人（他们是招生代表）匆匆走过，而另外几个技术教师却穿着衬衫，戴着袖珍保护器，从容地走着。学生们背着书包向班级走去，他们手中好像提着钓具盒，而实际上是装着线路板和其他元件的电子工具箱，整个大厅是一片繁忙的景象。

因为教室、实验室、教师办公室、图书馆、注册办公室、学生服务处、校长办公室、食堂等所有设施都在这一座楼里，所以，把这座楼称为一个分校似乎有点牵强。大楼里没有学生公寓，大约有300名学生住在德夫里公司在附近转租的公寓里。作为高效率的表率，这座办公楼代表着德夫里技术学院的宏伟蓝图：预计招聘80名专职教师，招收3 700名学生，每周上课6~7天，每天从清晨到晚上，连续授课。教室一共20多间，每个教室可容纳40名学生，教室配备较好：有视频监视器、投影仪以及白板，有的教室还配有带网络接口的桌椅，这便于学生使用手提电脑。大楼中随处可见支持通信、电子工程技术和商务信息系统的计算机实验室。最大的计算机实验室有150个工作台，最小的计算机实验室也有30个工作台。大多数计算机设备都是新买的，或者使用最多不超过18个月。

大楼中部的图书馆设在两个楼层，它的顶部有天窗，图书馆里几乎坐满了学生，他们都在学习。迫于地方协会认证小组的压力，德夫里几年来不断增加款项来加强图书馆藏书和图书馆设施的建设。目前，这个图书馆藏书已经达3万册，还有几千册电子图书，有25个工作台提供比较完备的网上资源服务。5年前，德夫里公司一般的图书馆藏书量不过一万册，其中还包括很多早该扔掉的书。那时，图书馆的电脑旧得也该扔掉了。

德夫里公司财务官员很难看到对图书馆的投资能带来什么回报，因此对传统的开架式图书馆的投资是德夫里公司（有时，在非营利性大学也是如此）强行推行的政策。另一方面，由于德夫里公司的毕业生必须熟悉当前的计算机硬件和软件应用程序，才能找到好工作，因此对于新计算机设备的投资很容易推行。图书馆基本上被看做是耗资较大，在一定程度上还是一种边际效用的设施，尤其是因为德夫里公司相当一部分学生（必须指出的是，包括一些技术教学人员）都不用图书馆。要不是迫于它的美国分校的认证机构——中北部认证协会——的非常明确的指令，德夫里公司的领导阶层也许只喜欢建设较小的图书馆。

德夫里技术学院既有成立于20世纪30年代的老德夫里公司的一些特征，也有随着信息技术而欣欣向荣的新德夫里公司的一些特征。旧德夫里公司的特征体现在电子实验室上，在实验室里，学生们坐在凳子上，弯着腰在工作台上组装各种线路，然后用电压计和振荡器来检修故障，因此，尽管这些实验室最近增加了一些计算机工作台，但是它还是会让人联想起晶体管和钎焊枪时代。在这种教育环境中，袖珍保护器的份额还是比较高的。创办70年来，这种教育一直是德夫里公司的核心业务，虽然业务市场在一定程度上有所变化，每个新分校（一年至少建立两所）还是要建立一个很大的电子实验室。在20世纪90年代，电子课程的入学人数先是与以往持平，后来在一定程度上有所下降，原因是学校要扶持通信和信息体系的新课程。与此相适应，在1999年，新泽西分校缩减了电子实验室，扩大了通信实验室的空间。从这些通信实验室上可以明显地看出新德夫里公司的特征：在这些实验室里，学生们在计算机工作台上刻苦地进行局域网和广域网的设计和操作，进行各种传媒如光导纤维和无线电的模拟。

新泽西分校的 74 名专职教师，两人拥有一间长 12 英尺、宽 10 英尺的办公室，每个办公室都配有办公桌、书架、文件橱柜、计算机以及打印机等办公设备。教师办公区既简朴又很职业化，门上没有贴卡通画和其他资料（门上贴卡通画和资料是违反公司政策的，尽管公司没有明文规定，却在严格地执行着这个政策）。所有老师都配有笔记本电脑，学校鼓励并培训老师在课堂上使用电脑。1/3 的专职教师有博士学位，其余的教师都有硕士学位以及相应产业的重要工作经验。一年有 3 个学期，教师教学工作量为每周 15 个小时，每周一般上 3~5 门课。有的教师把适量的教学时间用来做部门主席或者课程开发工作。还有一大批教师用一定的教学时间来攻读博士学位，尤其是那些已经在准备博士论文答辩的老师。每隔 5 年，教师就可以轮休一个学期。德夫里公司还为攻读博士学位的专职教师每年提供高达 5 000 美元的资助。教师平均年薪超过 5 万美元，拿最低年薪的是从事普通教育的教师，年薪标准为 4.5 万美元；拿最高年薪的是从事技术教学的教师，标准为 6.5 万美元。有几位专职教师每学期还要多教一些晚上和周末的课，这样，他们在原有年薪的基础上还可以再拿到一两万美元的额外薪水。

德夫里技术学院人力资源分配有两个方面值得我们注意。一个方面是它的招生部门雇佣了 30 名专职工作人员，外加 7 个去中学现场办公的代表，这支队伍对于只有 3 500 名学生的分校来说，够庞大的了；另一方面，它的就业指导部门队伍也较为庞大，大约有 13 名专业工作人员。这两支队伍都代表着德夫里技术学院的招生宣传力量，第一支队伍的工作对象是它们要招收的学生，第二支队伍的工作对象是雇佣它们毕业生的雇主。两支队伍的运作都非常正式，而且非常成功：在过去的 5 年中，入学学生年年增多。在过去的 10 年中，学生的就业率达到了 95%。从商业角度来看，招生人数和就业率是德夫里技术学院财政成功的龙头方面。招生人数的增加就意味着收入的增加，而高就业率反过来又会推动着整个企业的发展。

作为一个教育体系，德夫里公司每年共招收 5 万名学生，自从公司 1991 年上市以来，招生人数每年以 10% 以上的速度增长。到

2000年，德夫里公司已经从它在1996年的《商业伦理》（Business Ethics）杂志上的"百家最佳公司榜"——以上市公司提供给员工、顾客、公众以及股民的服务作为排名标准——的第77名跃到第11名。德夫里公司未来十年的发展策略是每年新建两个分校，同时也注意收购一些符合它们已有品牌标准、有较好市场、具有发展潜力的高校。丹佛技术学院符合了这些标准，德夫里公司于1999年收购了它。德夫里公司是德夫里大学的持股公司，它的机构包括19所分校，35个凯勒管理研究生院教学点，该研究生院共开设了6个不同的网络硕士学位课程，招生6 000名。德夫里公司也包括贝克肯瓦瑟会计师考试复习中心，它是最大的会计考试复习培训项目，分布在四大洲，每年有32 000名学生参加培训。

德夫里公司1931年创立于芝加哥，是由贝尔豪威尔公司（Bell & Howell）的发明家兼教师赫尔曼·德夫里（Herman DeVry）博士开创的事业发展起来——贝尔豪威尔公司在20世纪30年代相当于今天的高新技术公司。当时由于消费技术和消费产品的快速发展，社会对电子领域培训的需求不断增长，为了适应这种需求，赫尔曼·德夫里带领贝尔豪威尔公司进入了教育产业。贝尔豪威尔公司先后在几个城市建立了德夫里学院，这些学院建立后，一直蓬勃发展到20世纪70年代，此后，由于这方面的培训需求逐渐萎缩，它的发展势头才渐渐停止下来。

两位企业家于1987年从贝尔豪威尔公司购买了德夫里学院的经营权，一位是获得芝加哥大学MBA学位的普林斯顿大学毕业生丹尼斯·凯勒，另一位是获得斯坦福大学MBA学位的哈佛大学毕业生罗恩·泰勒（Ron Taylor）。凯勒是主席、首席执行官，泰勒是总裁和首席营业官，他们各自都有一套得心应手的管理方法。凯勒是位有远见卓识的领导，拥有甜美流畅的男中音，对什么事情都持积极镇静的态度。泰勒则是一位严格的教官，为了取得一定的业绩，他不惜对每位工作人员施压。难怪华尔街的分析人士们认为凯勒和泰勒是产业界一对强劲的搭档，这一点我们将在第四章的数据中得到证实。

第六节 斯特拉耶大学

马里兰州的白泽（White Marsh）是巴尔的摩的住宅区，那里布满了购物中心、批发中心、住宅、工业园区和几十个正在施工的建筑项目。除了旧城区的建筑外，白泽其他城区的大部分建筑都很新，整个区域根据繁荣程度划分成片，这些繁荣离不开蓬勃发展的经济的支撑。路上交通繁忙，车辆川流不息，乘车上班族和购物者在95国道和环路上出出进进。在费城大街的一座新建的砖石灰泥结构的一层楼里，坐落着斯特拉耶大学新建的第13所分校。这所分校共有教室和计算机实验室17间，家具和硬件配备全新，准备迎接稳步增加的学生，对此，斯特拉耶大学已经对华盛顿－巴尔的摩通道做了细致的扩招计划。白泽分校第一次招生人数为107人，比招生计划稍多了些。分校院长约翰·舒福德（John Shufold）预计下一个季度招生人数将超过300。

舒福德所关心的是对咨询报名的学生应该学什么课程给予精心指导。因此，为了指导学生选择适当的课程，他亲自出马尽可能多地接待咨询的学生。[⑩]和大多数营利性高校的院长一样，对于提高学生的课程保持率和完成率，他感到压力很大。斯特拉耶大学目前热门的课程是计算机信息系统和计算机网络系统的理科学士课程，虽然这门课的招生代表轻易地完成了招生计划，然而他认为招收的部分学生并不具备完成学业的能力和基础。

大学的教学部门和招生部门之间的冲突在营利性大学是司空见惯的现象，这一现象在斯特拉耶大学这样的营利性大学中表现得尤为突出，因为它们奉行的是免试入学的招生政策。计算机技术课程对缺乏这方面学习基础的学生具有极大的吸引力，然而，这类课程的学习要求相当高，需要学生有一定的代数和微积分基础，有的学生根本就不具备学习这门课的能力。情况虽然如此，斯特拉耶大学的学生毕业率还是达到了40%，学校不想剥夺学生的毕业机会。

斯特拉耶大学成立于 1892 年，起初叫巴尔的摩市立斯特拉耶商学院（Strayer's Business College of Baltimore City），它是本章所列的营利性大学中连续运行历史最长的高校，并且它是规模最小的高校，2000 年，它的入学人数为 12 500 人。斯特拉耶大学有 13 所分校，分布在马里兰州、弗吉尼亚州和华盛顿特区，开设了计算机系统和商务方面的准学士、学士、硕士层次的课程。教师 300 名，其中 1/3 是专职教师。

与它的招生目标——年龄偏大的在职人员——相一致，斯特拉耶大学 60% 多的学生年龄都在 30 岁以上，大部分学生是在职学习。非裔美国人占了学生总数的 42%，女生占了学生总数的 55%。"我们认为我们填补了其他高校不能满足的一个教育利基市场"，斯特拉耶大学的首席财务官亨利·威尔金斯（Harry Wilkins）告诉我，"这个市场就是向上班族提供教育"。[11] 他继续描述道："斯特拉耶大学的目标市场就是针对那些中学毕业后，因为自身学习成绩的原因不能马上接受大学教育的学生，直到 30 岁以后，他们才具备了接受大学教育的条件。"威尔金斯又说道："上班族经常希望能接受获得 Oracle 和 Java 编程以及微软网络证书等方面的培训。他们一般不愿意和十八九岁的学生一起坐在社区大学的课堂里学习。如果去传统高校接受教育，他们就会感到又回到了不喜欢的中学教育中去。"斯特拉耶大学的办学宗旨就是为学生提供强调个人兴趣的高度建构的学习经历。

斯特拉耶大学于 1981 年获得了中部诸州地方认证机构的认证，1996 年 7 月上市。《福布斯》（Forbes）杂志把斯特拉耶大学排在了 1999 年度的 200 家最佳小型企业之列，《商业周刊》（Business Week）也把它列在了美国 1998 年度的 200 家最佳小企业名单上。这些认可对斯特拉耶大学的招生对象具有很大的吸引力。虽然斯特拉耶大学的名字（其他营利性大学的名字也一样）没有出现在美国《新闻和世界报道》以及《财富》等杂志的大学排行榜上，它还是被认为是管理卓有成效的企业。从和我交谈的斯特拉耶大学领导者口中得知，它们招收的学生看中的就是学生和学校间的这种职业事务关系，他们对传统大学的排名倒不怎么感兴趣。

亨利·威尔金斯自己就毕业于马里兰州的罗耀拉学院（Loyola College），后来在该学院的商学院顾问委员会工作。威尔金斯谈到，一些知名的非营利性大学好像把服务价值体现在只招收特定类型学生的能力上。他说："招生部主任开会时常常自豪地说，我们的报名人数为12 000人，可我们只从中挑了3 000人。"相比之下，斯特拉耶大学的成功之处在于为许多被非营利性大学拒于门外的成人学生提供了上学的机会。

第七节　阿波罗集团公司

北卡罗来纳州立大学的管理教授阿瑟·帕迪拉（Arthur Padilla）写道："菲尼克斯大学的王牌分校可不像一所大学，它的入口处很不起眼，不容易找到，只是飘扬着汽车经销商的旗帜，有一层楼的办公场所、业务场所。"⑫当他白天来到这个校园时，发现停车场几乎空着，校园里没有学生，没有学生中心，也没有图书馆，只有一家小吃店和一个小书店。他指出："参观者也许很难理解，这样的学校为什么能在全国引起那么大的反响？"

菲尼克斯大学的重要之处不是它的校园设施。《大学商务》（*University Business*）杂志载文告诫说："无论做什么，只要轻视菲尼克斯大学奇迹就是件危险的事。"⑬事实上，作为全国最大的私立大学（无论是非营利性大学还是营利性大学），其非凡的增长是不可能受到忽视的。认为菲尼克斯大学是高等教育领域的一种过失行为，或者是教育股市的修正行为（因为最近一家规模很大的州立大学的教务长就跟我提过），而试图把它从高校中剔除出去，也只是一种误解和痴心妄想罢了。

仅仅是阿波罗集团公司的规模就令人生畏，它的招生人数超过10万，学生平均年龄为35岁，学生年均收入为56 000美元。近2/3的学生为女性。阿波罗集团公司，拥有菲尼克斯大学的上市公司，它扩展的速度实在太快了，以至于因特网上投资网址的增长速度都不及它的速度。10万学生的招生规模不容忽视，也不能认为学生是受了误导才来这里上学的。显而易见，菲尼克斯大学吸引的是成人上班族，他们在自己的职业领域里已经取得了一定的成功，他们也许是相当精明能干的教育消费者。一些认证机构和州执业机构认为，成人学生实际上需要几重保护来使自己免受不道德高校的伤害。阿波罗集团公司创立者、首席执行官约翰·斯珀林（John G. Sperling）说："他们相信教育服务的成人消费者——即使他们聪明、受过良好教育——也不能充分判断出自己接受的服务价值。"⑭

我们很难做到不把菲尼克斯大学迅猛增长和持续不断地扩展看成是对传统高等教育的威胁。我们也无法不把菲尼克斯奇迹看做"速成高等教育"（Drive-Thru U）和快餐式的教育（McEducation）。菲尼克斯大学最根本的威胁不是它占去了多少市场份额，因为当菲尼克斯大学闯入当地市场时，它就会在邻近的社区学院和一般教育机构产生出一些附加收入来。⑮菲尼克斯大学真正的威胁在于，它代表了高等教育领域所发生的根本变革。

哥伦比亚大学师范学院院长阿瑟·莱文（Arthur Levine）说道："菲尼克斯大学预示着高等教育领域即将到来的一场革命。"⑯菲尼克斯大学的创立者、首席执行官斯珀林，脾气暴躁，获得过剑桥大学哲学博士学位，常被人们描绘成高等教育领域的克林特·伊斯特伍德（Clint Eastwood）：他夜里来到城里，白天会要求你中午在大街上会面来处理工作。实际上，菲尼克斯大学不同于德夫里公司、斯特拉耶教育公司、阿格西教育集团、教育管理公司，它们都非常满足于询问认证机构和州执业机构的有关标准问题，它们会说："告诉我们认证的条条款款，然后我们照着做就是了。"菲尼克斯大学的方法却是这样："因为条条款款已经变了，我们需要的是时刻保持清醒的头脑。"很显然，凭借着意志力、商业敏锐性、大量的生源，菲尼克斯大学正在引领美国高等教育进入一个新纪元。

菲尼克斯大学身上基本上反映了这样一种迅猛发展的趋势，即它满足了教育市场需求，然后凭借对投资状况较佳的公司的资源控制，继续从各方面推动这一发展。检测菲尼克斯大学增长的方法有很多，例如，可以看招生人数、分校位置、收入、成果评估、对股民的回报等，而所有这些方面都取得了很大的成就。最快的检测方法是菲尼克斯大学股价的增长，股价从 1994 年上市到 1999 年增加了 1 538%。这种增长非常醒目，也吸引了不少投资者。不无嘲弄的是，在阿波罗公司的前 25 名机构投资者中，有受人尊敬的 TIAA – CREF 机构，它是全美国非营利性大学教师养老金的提供机构。由于菲尼克斯大学不断营利，非营利性大学的数亿教师在向它投资，他们是通过向 TIAA – CREF 交纳养老保险金的方式投资的。

阿波罗集团公司在 1999 年——它上市的第 5 个年头，创立的第 44 个年头——的收入已经达到 5 亿美元。菲尼克斯大学在 1978 年获得了美国中北部认证协会的认证，它开设的学士护理课程和硕士护理课程已经得到了全国护理认证委员会联盟（National League of Nursing Accreditation Commission）的认证，开设的社区咨询硕士课程得到了咨询及相关教育课程认证委员会的认证。它开设的准学士和学士学位课程包括商务、管理、信息系统、会计、信息技术、护理等，硕士课程包括商务、卫生保健管理、护理、教育、咨询、计算机信息系统等。阿波罗集团公司的整个体系包括 52 所分校，85 个作为卫星校园的教学中心。菲尼克斯大学每年学费标准为 8 000 美金，约有 80% 的学生能在老板那儿报销学费。

菲尼克斯大学教师队伍人数超过 5 000 人，几乎都是兼职教师，专职教师只有 150 名左右。他们上 5 周的课，可以挣 1 500 到 2 000 美金。阿波罗集团公司也为教师报销上课的交通费，另外，还给教师发放会议津贴。公司还为兼职教师提供参加学术会议和专业会议的费用。所有的新教师都要接受 20 个小时的上岗培训。

菲尼克斯大学学术代言人是校长乔治·德·艾尔瓦。艾尔瓦是个知识渊博的学者，演说水平高超的辩论家，他先在普林斯顿大学获得了人类学的正教授职称，随后成为伯克利分校的捐助主席。现在他使菲尼克斯大学成了他抒发才智激情的中心。艾尔瓦获得了所有衡量学术成功的奖项：国家经济学奖（NEH）和国家科学基金会奖（NSF）、古根海姆奖（Guggenheim Fellowship）、盖蒂奖（Getty Scholarship）、富布莱特奖（Fulbright Scholarship），并且出版了 24 本学术著作，因此很难说他是个不懂得学术的商人。

艾尔瓦说道:"如果了解一下西方高等教育发展史,我们就会知道它从一开始就是营利性质的。事实上,菲尼克斯大学和学术界的关系就像清教和基督教的关系一样密切。"⑰当谈到菲尼克斯大学的宗旨究竟是服务社会还是获取利润这个问题时,艾尔瓦回应道:"我们没有花纳税人的一分钱,却培养了成千上万的学生,然后把很大一部分收入又回报于其他的经济建设。"他所说的很大一部分收入又回报于其他经济建设,指的是营利性教育机构把税前收入的40%用来交纳收入所得税。通过这个办法,它们返还给国库的收入要比它们得到的联邦政府学生补贴款多。⑱

菲尼克斯大学的奇迹遵循了一条简单而有力的逻辑,这条逻辑与商界熟悉的、非营利性大学不熟悉的理想相一致。艾尔瓦这样解释道:"我们追求的是提高个体学生的利润,而个体学生追求的是提高他们各自公司的利润,而各个公司追求的是提高地区的利润,而地区最终追求的是通过收取不菲的税收来帮助人们为非营利性大学捐资。"

事实上,每所营利性大学的成功至少能直接捐助两所非营利性大学。德夫里公司主席、首席执行官丹尼斯·凯勒在1999年就给芝加哥大学捐助了0.25亿美元,在1997年给普林斯顿大学捐助了0.2亿美元(在第六章中,我们将会谈及菲尼克斯大学和其他营利性大学对高等教育产业所产生的影响)。

第三章

美国营利性教育发展史

第一节 美国营利性教育的起源

发表在 1873 年《波士顿抄本》(*Boston Transcript*) 上的一封给编辑的信,这样写道:"只有一少部分人从事所谓的学术职业,大多数人都是辛苦工作的劳动阶层。"根本问题在于美国很多熟练工人——机械师、矿工、纺织工、钟表匠、炼铁工人、绘图员以及各行各业的技工——都来自国外。[①]圣路易斯(St. Louis)新成立的手工培训学校主任在同年(1873 年)发表的讲话中把当时的情形总结为:"每个年轻男人(包括每个年轻女人)应当接受受人尊重的行业或职业理论及实务培训……他们的父母和商人都坚决认为(有时是私下里),高等教育通常不适合使男人获得谋生之道。"[②]

由于受到应用型教育市场需求的推动,今天的营利性学校的先驱者们把重点放在这些培训方面,即为年轻人储备进入发生着巨大变化的社会、经济市场和就业市场的能力以及在这些领域发展的能力。当前,营利性大学的工作重点和 19 世纪一样,甚至比 19 世纪更为明显,因为现在面临的是 21 世纪所谓的知识型经济时代,这个时代会源源不断地需要受过良好教育和良好培训的劳动队伍。

称自己为手工培训学校,不授予大学学位,不想得到地方认证,只是为了满足单一教育的需要,这是一码事;把自己称作大学,吸引数百亿的私人投资，获得出人意料的学术地位，要拿走传统高校的部分市场份额，甚至还被一些人当做是高校运行的典范，这又是另一码事。

在20世纪90年代这10年中，营利性大学取得较高的地位是来自一些大型教育上市公司的产生和迅速发展，这些上市公司拥有很多大学，这些大学又有很多分校。这些上市公司与那些家庭式的、夫妻店式的、临街的私立学校形成了鲜明的对比，它们拥有很多资本，建有多个分校，那些分校一建起来，就具备了高校的基本条件，达到了最新技术发展水平，开设了学生和老板都急切需要的课程。上市公司所有权不是由哪个业主所有，而是为成千上万的民众所有，这些民众通过股票交易获得公司所有权。由民众所有，由专业人士来经营，这些机构是民办大学的新产物：它们提供教育却不花纳税人的一分钱，而且还能给学生们提供财政资助，充分弥补了联邦政府教育资助的不足。它们的教学采取了传统的模式——学生坐在教室，老师在前面授课——但是它们却按照企业来经营。

这些公司是美国高等教育领域的一个较新发展，它们似乎并没有源头。其实，它们代表了美国高等教育营利性机构漫长发展道路上的最新发展，这条发展道路充满着魅力。因为只要有获得知识和培养技能的社会需要和经济需要，就会有个人、团体或者是机构找到满足这些需要的教育途径。了解当代营利性大学产生的历史背景可以大大帮助我们了解它们的本质。

第二节 营利性大学的源头

在美国殖民地时期，为了收取费用而产生的私立教育就已经生根发芽了。最初的那些私营学校，和它们当代的那些后继者一样，来自于美国文化和自由市场经济中对创业的那股热情。

现存的记录表明，早在17世纪60年代，荷兰殖民者们就开办了较好的夜校，讲授数学、阅读和写作。[3]当地的那些雇主(私有者们),通常都是牧师出生,以教书为业,他们经营着这些夜校,并且自己也在夜校里教书。他们可以自由地创办这些学校,不需要得到什么政府部门的同意或者监督。正如教育历史学家罗伯特·西波特(Robert Seybolt)描述的那样,这些学校成为美国殖民时期基础教育的主要形式和教育领域的重要特色。④

由于这些学校是适应学生的兴趣而开办的,大部分学生都是成年人,它们的课程由原来的数学、阅读和写作迅速扩展成语言教学,尤其是法语、意大利语、葡萄牙语、西班牙语等的教学。⑤随着学生需求的增长和不断变化,后来又增加了职业培训课程,这些课程讲授雇主们非常需要的一些技能,如测量、领航、簿记,而这些技能反过来又给毕业生们提供了很好的就业机会,增加了他们提高社会地位和经济地位的机会。虽然美国早期社会对这些技能有不断增大的需要,但是美国早期的那些大学或者免费公立学校并不开设这些课程。

因此,个体企业者往往能满足时代的教育需要和经济需要,它们对所教的技能和知识收取费用。它们的生存之道来自于它们与不断变化的社会需要齐头并进的能力,即它们能满足各种特定教育和培训的需要,从而满足了学生和雇主双方的需求。一些学校办得非常成功,后来变成了正规大学。

劳伦斯·克莱明(Lawrence Cremin)在他获得了普利策奖(Pulitzer Prize)的殖民教育研究著作中,描述了美国殖民时期的人们是如何淋漓尽致地在教育中发挥自己的聪明才智和创业精神的,这种发挥是由以下力量促成:廉价的土地、欣欣向荣的商业活动、长期的劳动力不足。⑥在一些大城市如波士顿、纽约、费城以及查尔斯顿,私立教育既为儿童也为成人提供了各种教育科目、各种行业技能、各种语言能力,以及一些高雅艺术如舞蹈、辩论、刺绣等。殖民时期最有名气的一个教师叫乔治·布奈尔(George Brownell),他是本杰明·富兰克林(Benjamin Franklin)在其父乔赛亚(Josiah)要求下离开拉丁文学校后的写作和算术老师。⑦

本杰明·富兰克林对美国早期教育发展产生的重要影响表现在,他使得谋生中的实用教育价值合法化。当他在费城进行伟大的教育实验,即创办"共读社"(Public Academy)时,他憧憬着一个根植于实际生活和应用研究的机构。这个计划实现起来非常艰难,因此,富兰克林晚年回忆起这件事时,曾感叹他与赞成多开设些古典课程的拉丁派理事和教师们所做的长期不懈的斗争。最后,他宣布这次教育实验以失败告终,他在日记中悲叹,有的人"不知怎么会对古代习俗和传统抱着好感"。⑧

富兰克林自己很大程度上说也是一个自学和学徒制度的产物,这种学徒制度是由手艺人、技工和工匠从欧洲带来。在他的帮助下,这些学徒制度走进了私立学校的课程体系中,在这些私立学校里,学徒制度得到了发扬光大,效率也大大提高了。不像先前那样,师傅只带一个徒弟,在私立学校里,师傅一次可以带 6~8 个徒弟。学习内容也包括了一些数学概念和零散的理论知识,这在传统的学徒制度中是不会有的。这些学校的课程中,职业培训往往和社交技能以及个性发展并存。⑨正如富兰克林的《普尔·理查德年鉴》(*Poor Richard's Almanack*)中记录的那样,这些学校旨在提高学生生活中的"各种美德,如勤劳、节俭、谨慎,提高追求职业时获得各种权力和地位的可能机遇,提高追求教育中的实用原则和自我帮助的原则"。⑩

第三节 服务上流社会的教育

当有组织的高等教育首次在美洲大陆成型时,这些早期的教育机构本身就是公立、私立、营利性、非营利性机构独特的融合体。当今美国高等教育领域中再次出现了这种融合了公立、私立、营利性和非营利性机构的教育体系(参见第六章)。在殖民时期,公立和私立、营利性和非营利性、商业和政治的各种界限并不清楚。把学校按照企业的模式来经营不足为奇。宗教和政府互相交织,常常无法分清它们的界限。⑪哈佛学院早在 1650 年就获得了建校特许状,但是直到 200 年后,哈佛学院才确定自己的身份为公立还是私立。⑫荷兰西印度公司这样的营利性私立机构对整个殖民时期的公立和私立教育企业提供了财政支持。⑬

　　一些教育历史学家认为,在美国独立战争以前,美国就已经有了学位授予教育体系,这个体系比英国当时的教育体系还要大,教育范围还要广泛。⑭这个体系就像当今美国的教育体系一样,多姿多彩,学校规模大小不一,情况多样,结构不同,由各种财政形式如学费、认捐、税收、捐资、个人投资等资助办学。这种体系不为人所知的原因是它的发展主要是个人企业发展的结果。⑮

　　美国有组织的教育中形成最早、规模最大的部分(以学校数量来说)是独立私营学校,这种学校是为上流社会的学术世家服务的。⑯和它们当今的后继者们一样,这些学校是私营性的,没有民众的资金赞助。这些早期的私营性学校,和那些作为国家公共教育体系发展经营至今的学校,以及当今依然生机勃勃的那些学校,一起代表了美国独特的教育情况。教育历史学家埃德蒙德·詹姆斯(Edmund James)在1900年写道:"其他国家可没有这种情况。"他指出,营利性商业学校"体现了美国人性格上的所有缺点和优点"。⑰这些缺点和优点在当今的美国营利性大学中依然存在,因为在这些高校中,利润动机和教学宗旨有时努力并存。这种斗争在后面的章节中将有所论述。

第四节　传统高校的局限性

　　高等教育中营利性大学之所以能持续发展,部分原因是传统高校和英语文法学校都不开设公众需要的一些课程。早期的美国大学,由于是按照英国牛津大学和剑桥大学的模式建立的,它们几乎无一例外地致力于神学、希腊语、拉丁语、古典文学以及哲学的教学与研究。在适应需要一定专业知识的行业如法律、医学、教育以及神职人员需要的同时,它们对劳伦斯·克莱明所说的"生产性行业"如商业、农业、工程等并不怎么倾心。⑱神职人员一般是受过最好教育的阶层,他们极大地影响着大学的教育宗旨,并且教会往往为大学提供必要的资金赞助。很多知名大学的建立都受到了宗教慈善的影响，如哈佛大学受清教影响，威廉马丽大学受英国国教影响，耶鲁大学受公理会影响，普林斯顿大学受长老教会影响，布朗大学受浸礼会影响。这些机构的主要职责是为了教育名门望族的子女，把他们培养成为神职人员和拥有一定社会地位的人。[19]

人们了解自然以及熟练解决与其有关的一些问题——如土地丈量、船只导航——的教育需求，主要就由私营企业来满足。早期的营利性学校有效地、创造性地满足了这些需要。私营企业在这个方面起了重要的作用，它们为学生提供了教育和培训，因为当时，传统大学的教育和市场经济的需求常常是脱节的（在我看来，这种现象今天依然存在）。例如，哈佛大学的图书馆藏情况就表明了这种脱节现象。1723年，哈佛大学图书馆2961册藏书中，神学方面的书籍占了58%，而商务方面的书只有两本。[20]哈佛大学及其图书馆满足的是与市场经济发展需求不同的一种需求——培养神职人员的需要。而培养神职人员只是美国早期教育体系中诸多需求中的一个。这自然部分地解释了教育机构发展体系的多样化发展。

到19世纪中叶，美国进行了领土扩张和经济扩展活动，为满足这些活动，新建了工厂，出现了社会的产业化，当时迫切需要各种工程师、药剂师以及工厂主来帮助建立和经营各种企业。这些专家常常是花高价从荷兰、英国、德国以及法国引进的。1899年，田纳西大学校长查尔斯·达伯尼（Charles Dabney）写道："我们生活的时代对自然科学及其在生活中的应用产生了极大的需求，那些旧式的大学根本不去满足这些需求。"[21]

直到第一次世界大战以后，1917年的职业法案（Vocational Act）才第一次以联邦立法的形式出台，这项法案对所谓的"职业教育"提供立法支持，虽然1862的《莫里尔法案》（*Morrill Act*）就为各州的赠地大学建立了基金，以推动农业和"机械教育"，但是职业教育和纯粹的学术教育还是被看成是互相对立的。在传统大学中根本就不开设职业教育课程，正如阿瑟·博力诺（Arthur Bolino）所写的那样，"职业教育存在于夜校、私立学校、补习所、函授学校以及军校中，因为职业教育所提供的教育服务在正规学校中根本找不到"。[22]

第五节 农业教育的典范

美国早期的农业教育机构是适应社会和经济的实际需求而产生的。到 18 世纪末,西欧的农业技术和农业化学方面的科学知识得到了极大的发展。在美洲,促进美国农业发展的第一个农业协会于 1785 年在费城成立,到 1800 年,另外几个农业协会在新英格兰出现。在各种农业会议和农业交易会上,美国农民们开始学习运用到农业生产中的最新科学知识,这最终导致了社会对科学技术教育需求的不断增长。于是农民和农业协会的官员们为了满足这些需求,而向各个高校寻求帮助,但是正如前面指出的那样,高校的主要任务是为所谓的知识型职业提供教育,而不向农业提供教育。

纽约市测绘局长的贡献在于,为了适应很多委托人的请求,他在 1819 年第一次发出了必须建立农学院的呼吁。[23]农业群体对建立农学院的兴趣和要求在不断增长,在那个时期,美国大部分家庭都是农业人口。1838 年,在纽约,6 000 人签名的请愿书递交给了立法机构,请求州政府资助建立农业大学。美国其他州和城市也保存着类似的请愿书。

美国第一所农学院直到 1855 年才在密歇根州立大学建立。直到这一教育的呼声响遍各地的 50 年后,农业教育才纳入大学教育的课程体系中。在过渡时期,很多成功的营利性农学院蓬勃发展着。

欧内达学院(Oneida Institute)是纽约创办成功的第一批农学院之一,它开设了实用农业课程。[24]学校模式是以人力劳动为基础,和欧内达学院类似的农学院都有附属农场,这些农场不仅为学生提供经济援助,同时也让学生把所学的知识应用于农业实践中去。实际上,这些农场就是学生劳动的场所,它也为学校和社区提供了粮食。这些学校一直蓬勃发展到《莫里尔法案》支持下的赠地大学建立为止。

对教育的早期需求和已有学院对这些需求的滞后反应,在很多应用科学、应用技术、工程以及商业教育等领域都有类似的模式。[25]这些社会和经济的需求导致了开设这些课程的营利性学校的建立,而传统学校并不开设这些课程。这种现象今天也有,营利性大学抓住了教育市场的需求,灵活地提供通信、计算机编程以及应用技术等方面的教育服务。

第六节　为处于边缘地位的人们提供教育服务

当我们追溯美国私立营利性教育的历史源头时,它为我们勾勒了一幅越来越清晰的画面:有时,这些机构在向妇女、有色人种、印第安人、残疾人(尤其是盲人和聋哑人)提供教育服务时起到了重要的作用。[26]在谈到黑人和印第安人的教育机会被剥夺时,劳伦斯·克莱明写道:"假如说存在种种教育自由的话(教育对年轻的共和国来说非常重要),那么也就存在各种教育压迫。"克莱明提供了大量文献,证明了美国白人普遍持有这样的观点:美国黑人是不能融入美国社会中去的,因此他们不应该学习读书写字。[27]

凭借向边缘人群提供教育机会,19世纪的营利性学校展示了利润动机是如何既服务社会又得到经济回报的。例如,对妇女接受教育的普遍态度,至少在美国殖民时期和美国早期社会是不赞成的。几乎无一例外,公立"城镇学校"不招收女性学生,只招收男性学生,它们除了提供阅读、写作和算术课程外,还提供其他方面的知识。这些由公款资助的城镇学校普遍对招生事务和开设的课程不做任何修改。而营利性私立学校则向妇女提供各个层次的教育服务,很快就在一些人口稠密的地区如纽约、波士顿以及费城发展起来,在白天和晚上,它们开设学生需要的任何课程。[28]很多私立夜校——它们大多数都是营利性质的——除了向妇女提供家政教育外,还把教育服务范围大大扩展到写作、数学、音乐、舞蹈、语言、地理、历史,甚至是男人独霸的行业,如簿记和测量等领域。[29]

与此相似,1800年到1860年间,美国任何一所公立学校和大学都剥夺了黑奴和其他自由有色人种接受教育的机会。甚至在黑奴制度解体后,在美国南方各州,教黑奴读书写字都要受到责罚。然而,这种教育实际上在所谓的"地下学校"蓬勃发展,这些学校是一些私人老板开办的,而有的人因此受到了严重的处罚。个体企业者在当时的教育体系之外,向美国黑人儿童及成人,首次提供了基础教育和技术培训。这些事实在布克·华盛顿(Booker T. Washington)1899年所写的经典随笔《黑人教育》(*Education of the Negro*)里有所记载,当时华盛顿任阿拉巴马州塔斯克杰学院(Tuskegee Institute)的院长。[30]

私立学校也向美国印第安人提供教育服务。美国独立革命后,整个国家把精力转向共和国的重建工作上来,除了一些清教徒传教士,我们一度忽视了印第安人教育的需求。保留地的学校还没有建起来,于是那些教师们和传教士一道为印第安人儿童开设了基础教育课程。其中最负盛名的一所学校是建在佐治亚州的布雷那德教会学校(Brainerd Mission),该校建于1817年,是以长老会传教士大卫·布雷那德(David Brainerd)的名字来命名的。

为了让切罗基(Cherokee)族人很快融入白人社会,布雷那德教会学校为其儿童和成人提供了农业、商业以及家政等方面的实用教育服务。[31]学校的教学语言是英语,学校给每个学生起了一个英文名字来代替他们原来的印第安名字。办学的经费来自部落基金(即联邦政府用来交换部落土地的款项)和基督教会。[32]一些年后,保留地的寄宿学校体系逐渐萎缩,私立产业培训学校在保留地周边的城镇建起。位于堪萨斯州劳伦斯的哈斯克尔学院(Haskell Institute)就是这样的一所学校,它创建于1884年,招收550名学生,有30幢建筑,拥有自己的供水系统,还有650英亩的农场。这个学院招收印第安人的后代,不论男女,课程包括很多技术领域的教育,同时还有声乐和器乐教育。[33]这个学校一直开办到现在,今天的名字叫哈斯克尔印第安民族大学(Haskell Indian Nations University),是所非营利大学,招生人数为1 000名,学生来自38个州的140个部落。

对盲人和聋哑人的教育开始于1817年托马斯·霍普金斯·盖劳

德（Thomas Hopkins Gallaudet）的个人想法。*盖劳德研究了欧洲盲人和聋哑人的教学方法后，于1831年在新英格兰、纽约和宾夕法尼亚州开办了营利性盲人和聋哑人学校。这些学校刚开始受到了教育机构的质疑，但不久它们开办得非常成功，使得联邦政府和州政府都开始支持社会创办更多的此类学校。㉞

在所举的每个例子中，私营企业者的努力及其创办的学校在美国教育体系演化过程中起了重要的作用。营利性学校教育历史专家罗伯特·西波特在1925年写道："这类学校创建于17世纪，一直没有间断地开办到现在，在解决为各个阶层提供不同教育的这个难题时，它们的作用非常突出。"㉟虽然这个作用在美国私营教育遗产中很大，但并不怎么为人所知。

第七节　美国殖民时期到信息时代的教育

美国营利性教育机构从1850年一直发展到本世纪初（20世纪），经历了两次世界大战，然后从1950年一直到20世纪80年代，它的不断发展一直是早期研究的对象。㊱在这些年间，营利性学校一直适应社会和经济的发展需求，传统高校却无视这些需求。很多早期营利性学校及其后继者们一直开办到现在，例如：建于1892年，位于巴尔的摩的斯特拉耶大学；建于1865年，位于新泽西州特雷顿的赖德大学（现在是非营利性大学），现在成了布里恩特和斯特拉顿营利性连锁商业学校的一个分校。这些营利性学校，很长时间以来，一直是教育产业中不为人所知的部分，几乎没有得到联邦主管机关和州主管机关的官方承认，因此，就没有什么中央机构记载它们的基本数据，如学校数量和招生人数。它们的有关信息只好在这些机构现存的记录中重新建构，而这种建构工作不是本书的写作目的。

---

* 托马斯·霍普金斯·盖劳德是爱德华·盖劳德（Edward M. Gallaudet）的父亲，他和阿摩斯·肯德尔（Amos Kendall）一起于1864年创建了全国聋哑学院（National Deaf Mute College）。该学院于1954年与企业合作，更名为盖劳德学院（Gallaudet College），最近又更名为盖劳德大学（Gallaudet University）。

第八节 高等教育新产业

1996年《全国评论》(*National Review*) 上的一篇文章说，新教育产业的诞生作为一条新闻出现在1996年1月的《纽约时报》(*New York Times*) 上。㉜这条消息可能准确，也可能不准确，但是，1996年对于营利性高等教育来说应该是个具有划时代意义的年头。因为菲尼克斯大学在1996年成为上市公司，3年后，它成为全国最大规模的私立大学。就在那一年，私人投资资本开始流入教育领域，资本的流入速度之快引起了华尔街和知名新闻媒体的关注。包括雷门兄弟公司（Lehman Brothers）和萨罗门·史密斯·巴利公司（Salomon Smith Barney）在内的主要投资机构，召开会议把30家营利性教育公司列为未来的投资对象。就在那一年，教育产业集团（Education Industry Group），一个关注私营企业的集团，创办和发行了《教育产业索引》(*Education Industry Index*)，《索引》追踪了36家教育上市公司，每月为投资者们提供一次这些上市公司的股票行情。也就是在这一年，全国高等教育统计中心旗下的中学后教育综合数据（Integrated Postsecondary Education Data System，IPEDS）重新定义了高等教育，将其范畴扩展为包括符合联邦财政资助的营利性私立学校。㉝

在1996年之前，美国教育部把高等教育机构定义为得到教育部承认的认证机构认证的学校。这个定义把大多数营利性大学拒于门外，虽然这些高校中，有的实际上已经拥有地方认证机构的认证，但由于没有得到广泛的认同，也不能被算在内。这个新标准是根据符合第四种资格基金（Title IV funding，联邦财政援助基金的一种）的条件来界定高等教育机构的。要符合条件，教育机构必须开设准学士学位或者准学士学位以上的课程，课程授课时间至少300个学时，要得到教育部承认的认证机构的认证，学校至少开办两年，并且要和教育部签署加入协议。这个界定变化非常清楚地说明了得到教育部承认的标准，仅一年时间（1996），这个变化就使教育部管辖的高校数目提高了7.5%。

根据这个定义，教育部管辖的营利性大学有669所，它们都是得到认证的大学。最近公布的高校数目的统计数据包括以下类别：

	非营利性公立大学	非营利性私立大学	营利性私立大学
四年制	615	1 536	169
二年制	1 092	184	500

500家营利性两年制大学都是私立社区大学，它们开设了各种准学士学位课程以及一些证书课程。除了特拉华州、哥伦比亚特区以及罗得岛外，它们的校园遍布各州。它们分布最集中的州及其分校情况如下：宾夕法尼亚州（72所）、加利福尼亚州（51所）、俄亥俄州（45所）、佛罗里达州（36所）、纽约州（32所）。169所营利性四年制高校代表了高校的各个类别，它们也包括教育公司收购的几所传统文科大学。大多数四年制高校的主要专业都集中在商业和技术领域。它们分布最集中的州及其分校数目情况如下：加利福尼亚州（36所）、佛罗里达州（19所）、科罗拉多州（12）、伊利诺伊州（11），有的州一所都没有。

正如第一章中指出的那样，全国高等教育统计中心提供的数据可能要比美国营利性大学实际数目少。因为全国高等教育统计中心的信息来源于中心调查时各校自愿提供的数据，营利性大学的数目很有可能要比全国高等教育统计中心现在报告的数目多得多。直到最近，联邦政府对营利性大学只做了零星的报道。许多营利性机构没有被调查到或者没有成功地把自己的相关信息发送给中心。在2000—2001学年，美国两年制和四年制营利性大学的分校数量大约为750所。

全国高等教育统计中心最近统计的营利性大学数量不仅表明了营利性大学已经获得了相应的教育地位，还表明了它们以后将成为全国高等教育统计中心的数据收集对象和报告对象。在1998—1999年度，营利性私立教育机构类别经常出现在中心发布的报告中，也出现在一些年度产业调查中，如《高等教育年鉴》（ *Chronicle of*

Higher Education）这样的年度出版物中。

营利性私立教育机构类别的出现使得教育部认可的高校数量在1996年上升到4 096所。由于没有得到地方认证机构的认证，仍有成千上万的营利性中学后教育机构没有被统计在内。

美国私营性教育领域非常庞大，大约有7 000所这样的学校提供中学后教育，它们的课程主要为商业美术、电子、饮食服务和烹饪、室内设计、医疗、摄影以及运输。关于中学后教育，一直以来营利性教育机构数量和非营利性机构的数量至少是不相上下的。近些年来，营利性教育机构地位越来越突显，正如第一章指出的那样，它是高等教育产业中唯一持续增长的部分。

第九节　营利性机构的发展壮大

1991年，获得认证、具有学位授予权的营利性中学后教育机构中，只有一家是上市公司，即德夫里公司，它就是在那一年上市的。然而，8年后，这样的教育公司就增加到了40家，产业分析人士认为，其中的16家是教育产业的"主要玩家"。[39]随着新兴的高等教育产业的持续发展壮大，再往后的发展势头也许会逐渐停止，那时，最强的公司将会占据市场，在随后的几年中，会有新的首次发行和二次发行。在1994—1999这5年间，通过30次首次发行和30次追加发行，融资的私人投资资本多达48亿，来赞助一些公司进军营利性教育市场。[40]据估计，仅1999年一年时间，就融资5亿美元。[41]

除了第二章提到的5家上市教育公司外，还有很多教育公司活跃在高等教育领域。第一章中曾提到的奎斯特教育公司专门收购各种大学，它在11个州拥有30个分校，除了一所外，其他29所分校都是收购来的。它收购的这些大学中，绝大多数都面临着财政困境，虽然有的学校历史已高达百年，但是它们平均创办年限为35年。奎斯特公司的一些收购策略是不更改它收购的大学名称，这样，跟这些校名相关的一些市场利益就得到了保护。奎斯特公司主席兼首席执行官加里·杰伯（Gary Gerber）说："我们不更改这些校名，因为它们在那些社区有一些特许权。"㊷奎斯特公司的持续发展策略和利润策略是寻找收购对象，然后将其合并到现有的公司体系中。奎斯特公司的领导说："我们认为中学后教育市场的分裂为现存的独立经营学校的巩固提供了重要机会。我们希望利用现有的资金、银行信用、我们拥有的股票、学校的招生所得费用来进行收购。"㊸奎斯特公司积极运用这一策略，仅1998年，公司就收购了12个分校，包括新罕布什尔州的海瑟学院（Hesser College）、衣阿华州的汉密尔顿学院（Hamilton College）以及宾夕法尼亚州的CHI学院（CHI Institute）。

另一个积极收购学校的公司是总部设在加利福尼亚州桑特阿那（Santa Ana）的科林斯恩教育公司（Corinthian Schools, Inc.）。该公司在17个州设有43个分校，这些分校分成两个业务集团：一个是科林斯恩教育公司，主要提供公共卫生方面的证书教育；另一个是罗德岛高等教育公司，主要提供准学士和学士学位课程，专业包括商务、信息技术、刑法等。2000年4月，该公司收购了佐治亚医学院（Georgia Medical Institute）的三个分校，这增加了科林斯恩教育公司的业务，正如科林斯恩教育公司首席执行官大卫·莫尔（David Moore）所说的，"公司已经成为亚特兰大地区公共卫生工作入门培训的主要单位"。㊹

作为教育的一个组成部分，营利性高等教育触及的面已经远远超过中学后教育，很多教育公司把触角伸到了整体教育产业私营化的各个方面。这些公司包括经营小学和学前教育的教育管理机构（EMOs），如光明前景家庭方案（Bright Horizons Family Solutions）和诺贝尔学习中心（Nobel Learning Centers）；教育服务机构（ESOs），如国际贝力子公司（Berlitz International）和西尔文学习系统（Sylvan Learning System）；培训开发机构，如凯里伯学习网络（Caliber Learning Network）和ITC学习公司；问题青年管理公司，这种公司经营青少年管教所和感化中心，如挽救教育（ResCare）和拉姆齐青年服务公司（Ramsay Youth Services）；教育产品公司（软件和教具），如美国教育教学产品公司（American Educational Products and

Scholastic)。产业分析人士们利用这些公司类别,制作出索引来追踪教育产业的业绩。[45]1999 年,教育产业有 70 多家上市公司,其数量一直按季度增长着。

虽然营利性教育产业较大,经营类别多样,但是它在整个教育产业中所占的份额相对来说还是不大。它只占美国教育产业 10% 左右,即美国年度财政投入 7 500 亿中的 700 亿。教育是美国的第二大产业(第一大产业是卫生保健),它的年度投入资金是美国国防资金的两倍。在 7 500 亿美元的年度投入中,其中 75% 是民众投资并由教育机构控制,产业分析人士把这些教育机构称为官僚垄断。通过私人主动投资,高等教育已经处于突破官僚垄断的多样化初始阶段。一些观察人士认为,高等教育产业有着良好的发展势头。公众对传统私立教育和公立教育的不满、对教育人口的偏见以及营利性教育产业新捐赠资本(私人投资资本)的注入,这些都表明营利性高等教育很可能继续扩大教育市场的份额。

把所有因素都考虑进去,我们有理由相信,营利性高等教育将会在接下来的 10 年内继续增长,直到它占全国中学后教育市场年度投资总额的 25% 左右为止。[46]印第安纳大学教育法规政策中心主任(Center for Education Law and Policy)迈克尔·海瑟(Michael Heise)说:"投资者们正在把世界上政府垄断的最后堤坝凿去,如果堤坝一坏,我想教育研究和发展的资金就会如同洪水一般涌入。"[47]

营利性和非营利性之间的界限仍然模糊不清。当前,一些营利性机构为了接受捐赠,已经建立了一些非营利性基金会。同时,非营利性机构继续启动它们的营利性企业,例如,纽约大学的营利性继续教育学院(School for Continuing Studies),全国技术大学的营利性投资资本公司,即全国技术大学(National Technological University),哥伦比亚大学的数字媒体公司,即莫宁塞德科技投资公司(Morningside Ventures)。传统大学和教育公司还会发展新的复杂的附属单位,一些观察者认为营利性和非营利性高等教育的区别将会越来越小,最后除了是否纳税外,没有什么大的区别(营利性和非营利性高等教育的界限模糊性将在第六章中进一步探讨)。[48]

第十节 教育行业的简单性

我们高等教育界人士（包括我在内，虽然我从传统高校跳槽到营利性大学）常常认为高等教育是非常复杂的行业。我以前的一个同事在院长委员会召开的会议上，无论什么时候只要谈话一触及重要问题，他老爱说："它（高等教育）可不像设计一个小玩意那样简单。"当然，实际上，我们谁都没有设计过小玩意，我们却十分相信，高等教育相当复杂。

我们高等教育业内人士常常认为，高等教育产业是个非常复杂、多个层面的网络体系：它包括各种规章制度、机构职责、管理过程以及各种传统习惯。我们认为高校是一个复杂的实体：它有令人理不清楚的机构组成，它的财政预算过程相当精细甚至有点深奥，它要面对众多的投资人，而他们各自都有自己的需求和期望。我们都认为高等教育决不简单，它自然要比制造业或者银行业甚至医药产业复杂得多。密歇根大学的荣誉退休校长詹姆斯·杜德斯达（James Duderstadt）说："把高等教育企业描述成一个在竞争激烈、不受政府控制的全球市场中运行的产业，学术界很多人士都会嘲笑这个描述或者至少对这个描述表示吃惊。"[49]

高等教育产业分析人士有的是财务经理，有的是市场经济学者，有的是产业社会学家，但他们都不是教育人士。他们从局外人的行家角度来看待这个产业，对它有着不同的看法。他们在雷门兄弟公司、萨罗·史密斯·巴尼公司以及梅里尔·里齐公司（Merrill Lynch）任职，其工作是把个人投资资本吸引到上市的营利性教育公司，并且负责监督和预测这些公司的股票业绩。为了完成这些工作，他们需要精通这些环节：评估总体局面，关注和诠释起伏的趋势，将教育经济实况用商业语言和符号表示。在过去的 5 年中，不少有其他行业经验的分析人士转入到高等教育产业中，有意思的是，他们中的不少人，也许是多数，都认为高等教育产业并不复杂，相反，却非常简单。[50]

例如,他们中的一位分析人士认为高等教育产业只受到3个基本财政尺度的支配:招生人数,招生成本和学生保持率。[51]如果一个教育机构能在招生人数不变,学生保持率提高的情况下,降低招生成本,其收入就会提高,现金就会增多,财政回报就会提高。

分析人士认为,高等教育和其他产业相比有明显的商业优势,在他们看来,高等教育的产品没有买卖的问题。这儿所说的买卖区别是基于必须产生市场和自我产生市场的差别。高等教育价值已经差不多植入到了美国的社会生活和经济生活中。学生不必兜售自己的高等教育,他们已经找到了自己的销路,部分原因是他们清楚自己有望从高等教育投入中得到经济、社会和职业提升的回报。[52]此外,由于大多数高等教育的顾客都能在高校中呆上几年,这样交多少学费是可以预测的,因而高等教育业务是相对稳定的[53],而其他产业就没有这些优势。

高等教育产业可能没有分析人士认为的那样简单,但也许也不像业内人士认为的那样复杂。一个大学是一个可以分割成很多单位的复合体,它可以分割成大学、学院、系、学科、分支学科、数百门课程等。从组成结构上说,大学确实是个复杂的机构。一方面,我们必须区分大学的职责和它们如何行使这些职责;另一方面,我们也必须区分一个教育企业的基本业务动态。当然,教学、知识的提高、人格的形成都是非常复杂的过程,大学的管理结构和管理政策都极其复杂,课程体系也常常非常复杂。但是,从行业外的角度看,高等教育的基本业务动态和其他产业相比,要相对简单些。

关于高等教育业务简单的说法并不容易被传统高等教育界人士所接受。他们花了很多精力和口舌说服自己和别人相信:高等教育极其复杂,他们所从事的工作不能简单地被看做是较为庸俗的商业世界和应用经济学世界。他们认为把教育产业归结为简单的事情简直不可思议。

我在此并不是要扭转这种想法,而是要说明有很多渊博的高等教育业务和经济专家都得出结论:高等教育产业业务在实质上比较简单。也可能有这种现象,业内人士把高等教育过度复杂化了。几乎每个大营利性教育公司都在表明保持高等教育业务简单的价值观。

大多数营利性高等教育公司——阿波罗集团公司、阿格西教育集团、德夫里公司、教育管理公司、斯特拉耶教育公司、奎斯特公司、惠特曼教育公司（Whitman Education）、ITT 以及职业教育公司——都有这样的观点。每次，它们都对教育业务采取直接简单的方法，并应用靠得住的业务实践去满足市场的需要。它们做得非常成功：扩大了招生人数，提高了学生保持率，保持出色的毕业生就业率，更不用说高额的利润、投入资金可观的回报、达到非营利性大学所制定的认证标准。它们使自己成为市场经济学家所说的美国经济发展最快的部分，即"服务产业的知识部分"。[54]它们在这个市场中的定位以及和这个市场的关系是它们成功的主要因素。

第十一节 相信市场

就在数年前，营销（marketing）还是个不受学术界欢迎的词汇，它是商业界的词汇，代表一种自我推销的含义，而这与非营利性高等教育文化是相悖的。我回忆起在私立大学的一次院长委员会会议上，有位教务长提议我们应该考虑一下如何推广我们的项目。这个提议显然冒犯了别人，文理学院的院长说："天哪！先生，我们这可不是工厂呀！"其他与会人士（因为我是业务院长，我自然也包括在内，还有其他一些教育和继续教育院长）觉得营销本身并没什么不好。可我们还是搁下了这个话题，主要是因为那位受到冒犯的院长的反应。面对他充满激情的争议，即高等教育机构必须要和一个商业机构区别开来，我们没有进行相应的反驳。一段时间以后，营销策略实际上已经成为这个大学决策计划的主要特点。在雇佣了校外顾问后，现在，这个大学的一个高层人物已经把"营销"这个词放在她的头衔里。

现在，差不多每个大学都已经和营销分不开了，营销包括广告，但又不局限于广告，它还包括直接信件、广告牌、有线电视以及网络等宣传方式。现在大多数高校都把自己视为市场型的机构。㉟但是，营利性大学和非营利性大学对待营销方式还是有很大区别的。当谈到促销和广告时，它们两种机构都热心于运用营销策略和信奉商业用语，但是作为企业，营利性大学在对市场的理解和进入市场的方式方面还是有显著特点的。事实上，营利性大学相信市场。

相信市场意味着机构运作时，好像市场会告诉你市场需求情况；相信市场还意味着走进市场时，好像市场是一个友好的、有力的真正社会和经济需求信息来源；相信市场还意味着按照这样的信条去运作企业，即当运作正常时，自由市场经济通常能自我调节。市场需要我们去解读、去理解，但不需要我们去改变，因为市场本身就在变化。

以这样的方式相信市场在大多数非营利性大学看来是偏激的、陌生的。虽然它们承认市场的现实情况，却不愿意对市场做出反应，因为它们经常认为市场不可信。它们似乎顽固地持有这样的观点：当说到学习这个话题时，学生和用人单位头脑相当简单，他们很容易被不道德的教育机构愚弄，对于教育、学位、学习领域等问题他们一般并不知道哪些东西最适合他们。这些观点很可能阻碍这些教育机构把学生当做智力正常的消费群体来看。由于那些用人单位常常想雇佣一些有实用专业培训经验的毕业生，而不是雇佣那些受过全面教育、知识面较广的毕业生，因此，有时候人们认为一些用人单位好像也必须接受再教育。其实很多非营利性大学常常表现的好像它们的部分责任就是以某种方式教育市场、影响市场、改变市场。包含在非营利性大学中的营利性机构的出现可能预示着这些态度正有所转变。最近，随着传统非营利性大学和营利性大学的界限开始崩溃，一些非营利性大学，例如斯坦福大学、哥伦比亚大学、康奈尔大学、马里兰大学、纽约大学、全国技术大学、坦普尔大学等，它们具有革新性的营利性企业的创立可能意味着一些非营利性大学开始相信市场。

学术界对营利性企业这个观念还在进行较大的抵制。当受人尊敬的大学委员会在1999年宣布委员会正在启动一个营利性附属机构以便与网上考试辅导公司抗衡时，一些批评家们惊呆了。英语教授斯科特·莱斯（Scott Rice）说："这就像把可乐广告牌放在教堂里一样令人惊讶。"莱斯教授正在写一本关于金钱对教育所产生的影响的书。㊱最后，非营利性大学自然是改变不了市场，市场将会改变它们。公共卫生职业委员会（Pew Health Professions Commission）的执行主任爱德华·奥尼尔（Edward O'Neil）说："实力最大、意义最大、能改变职业行为的唯有市场。"㊲

像我一直所说的那样，在这种情况下，教育市场由两大需求组成：学生兴趣和雇主需求。学生寻求一定的学术课程种类，雇主则寻找有一定教育背景的毕业生。营利性大学聪明地把自己定位在这两种需求之间，试图满足这两种需要。它们的所有资源——招生、学位课程、教学大纲、教师、教室以及实验室设施、毕业生就业工作——都和这些市场需求保持一致。相信市场和适应市场的回报就是招生人数的增长和雇主对毕业生源源不断的需求。这两点是作为企业运行的营利性大学成功必不可少的条件。

我感触最深的是这么简单的公式在传统非营利性高等教育产业的环境中运用得少得可怜。即使像工程和工商管理这样的市场型课程，大多数高校对市场需求反应过慢，这种现象已经是臭名远扬。例如，在我的老家新泽西州，为了适应报考商业管理课程飞速增长的学生的需要（当时报考人数太多，人们都认为这有点不太正常），原来的高等教育部门早在20世纪80年代初期，就启动了一个叫做"商业和人文"的项目，几个大学的校长和本州的几个公司首席执行官聚集一堂，共同商讨如何培养人们对商业工作中的文科教育价值的意识。这群人都相信文科教育是从事商业和管理事业的最佳教育方式。首席执行官们对此礼貌地点头表示赞同。但是大学招聘人员却坚持雇佣商业学校毕业生来填充诸如会计、商业金融、管理、市场营销、计算机商业应用等行业的工作岗位。最后，这个项目的资金来源中断，项目也就不了了之。

除了新泽西州外，全国其他各地的传统文科院校在20世纪80年代晚期也增加了商业和管理课程。20世纪80年代这10年中，这些领域的招生保持着显著的增长。到1990年，全国的商业课程市场已经饱和，在商业学校招生开始滑坡前，它们的招生工作呈现平稳状态。那时学生兴趣和雇主需求正在转向计算机信息系统,很多高校发现自己为许多较新的商业课程所累,这类课程市场需求没有增长,反而正在萎缩。

毫无疑问,传统非营利性大学对市场的态度在转变,但是这种转变来得太慢了。一些校长如图雷恩大学的斯科特·科文实际上在敦促大学要信奉市场动态学,并提醒说:"我们必须停止这样的想法,即市场动力无法与办学宗旨及办学价值相一致。"㊳

营利性机构已经存在于市场中。它们不想通过说服学生和雇主学校需要什么、不想要什么来抵制市场或者试图改变市场。例如,如果市场需要无线电通信课程,它们就会开设一门这样的课程,而不会对市场说:你们市场真正需要的是我们学校的电气工程。它们试图不去改变市场,而是理解市场、适应市场,并有效地满足市场的需求。这就是这些营利性大学给自己在教育市场中定位时采用的基本策略。

第十二节 营利性策略的本质

从在殖民时期由私营者创办的小夜校开始,一直到现在由专业经营者经营的有多个分校的公司大学,营利性大学的办学方向一直和市场需求的方向保持一致。它们的重点是和自由市场经济保持协调发展,正如我们所看到的那样,这也能够为社会作出贡献,因为社会需求往往是和经济机遇联系在一起的。社会贡献和经济机遇捆绑在一起这个前提也许隐藏在私营活动的背后,因为私营企业一度横扫了卫生保健行业,不断进军政府管理,现在又向教育领域挺进。

可以肯定地说,为社会作贡献不是营利性大学的主要目标。它们的主要目标是获得商业成功。它们的一个业务推动因素是为民众提供更多的接受高等教育的机会,而这一点就体现了经济机遇和社会利益的吻合性。例如,非裔美国人持续不断地保持着在营利性大学中较高的入学率。在德夫里公司和斯特拉耶教育公司的各个分校里，1999年秋季40%的在校学生是非裔美国人。《高等教育中的黑人问题》(*Black Issues in Higher Education*)期刊报道说：在1998年，授予有色学生学位最多的100名高校中，私营性高校占了绝大部分。在工程技术方面的少数民族学生学士学位授予者中，贡献最大的是一家营利性学校（ITT技术学院），排在计算机和信息科学学士学位授予机构第二位、第三位的，也是营利性大学（斯特拉耶教育公司和德夫里公司）。[59]

很多因素造成了营利性大学招收众多的少数民族学生：如学校位置通常选在居民点，无条件入学，就业率很高，提供各种财政援助。这些因素都是我在1997—1999年间在德夫里公司所做的几次重点调查时学生提到的内容。我认为也有这样的因素，因为这些私营性学校自己也是高等教育机构的边缘机构，它们会把那些处于社会边缘的学生拉到自己的身边。事实上，调查一下学生和种族及文化关系的成功的社会动态和心理动态，就应该能说明这个论断。

例如，克劳德·斯蒂尔（Claude Steele）的著作表明了很多黑人学生都蒙受与学习成绩有关的耻辱，它也表明了为什么很多黑人学生成绩不好的原因。[60]德夫里公司被调查的学生证实了这种论断。其中一个学生说："我回家时，很多朋友对我上学非常愤慨。他们认为学校会把人改变的。我认为每当达到一个目标时，有时就一定会把一些人甩在后面。"一名加纳学生说："我们文化中一般认为一个人离开家去学校接受教育，他就无法再和我们的文化保持一致了。他就不再向他的父母和社会学习东西了。因此，他的家人担心会失去他。"[61]

斯蒂尔和其他人都认为，黑人学生之所以不认同传统教育，是因为如果他们认同传统教育的话，尤其当他们是家里第一个接受高等教育的人，他们就会有失去文化身份的危险。在学校学习成绩好，会得到某些好处，但也会引起与他们文化脱离的焦虑。[62]我自己的猜测是，去德夫里公司、ITT、斯特拉耶教育公司以及其他一些营利性大学上学，对那些黑人学生处理此种耻辱也许会容易些，因为这些学校在人们看来一般也不代表传统高等教育。

营利性大学的主要宗旨并不是培养知识面广的公民，也不是培养文化水平较高的民众,更不是帮助青年人理解他们的传统、社会以及价值观。当然,在高等教育甚至是营利性高等教育的自然进程中,这些宗旨可能而且也确实存在。如果一个敬业、教学水平又很高的老师教一批聪明、学习劲头十足的学生,那么他们所在的学校是不是营利性并不重要。如果社会需求满足了——不管是通过边缘人所接受的教育还是在缺乏人才的那些技术领域进行的教育——那么这些教育公司纳税与否就显得并不重要了。

第四章

营利性高等教育的财政状况

第一节　营利性高等教育的营利途径

理解营利性大学的财政情况，以及它们的财政结构和财政过程与非营利性大学的区别，这需要我们首先回答以下的基本问题：这些高校的收入途径是什么？收入来源是什么？开支状况如何？利润到底有多少？[①]

表面上看，我们很难理解这些纳税的营利性大学怎么能够产生源源不断的巨大利润，而那些免税的非营利性大学却经常举步维艰地去平衡收支。另外，这些营利性大学不但纳税，还得不到各种基金会、个人捐赠者、联邦政府、州政府以及地方政府的各种捐赠款。营利性大学90%的收入来自学生所交的学费。尤其是当两类高校都符合一些地方认证机构的认证条件时，营利性大学是如何做到每生每年只收8 000美元的学费，却能实现40%的毛利润率，而非营利性大学每生每年收取25 000美元的学费，才勉强保持收支平衡，甚至还维持不了开支？营利性大学是如何做到这一点的？

为了了解营利性大学是如何营利的，我们就来看看这样一番景象吧：这些营利性大学得到了地方认证机构的认证，它们的办学重点就是培训学生就业；它们只开设有极大市场需要的本科生、研究生课程；对于那些没有什么市场需求（包括学生和雇主）的学位课程,就不予开设。这些学校一年到头都在运转,一年中的每一天、每个晚上都在充分利用教学设施。专职教师没有终身制,90%的教师要服从教学分配。学校的能量以及大部分员工的能量主要集中在学生的成功和满意程度上。

图4.1是普通营利性大学成功的特点,下面将要阐明其中的每个特点。这些特点一起构成了营利要素。

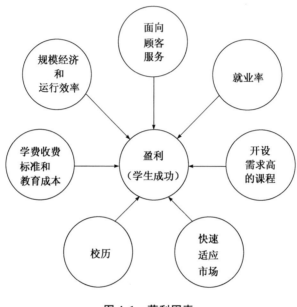

图4.1 营利因素

第二节 面向顾客服务

本特利学院(Bentley College)的前首席财务官罗伯特·莱宁顿(Robert Lenington)在他的《作为企业的高等教育管理》(*Managing Higher Education as a Business*)一书中声称,要不了多久高等教育"就会知道顾客就是上帝"。[②]莱宁顿指的是非营利性大学(至少是以前)不愿意把学生当成顾客,因为它们害怕一旦这么做,学习过程就会受到破坏。

必须指出的是，特别不能接受适应学生顾客要求的想法的是教师，也许他们害怕失去传统教师的权威，害怕教学工作中不断增长的责任需求。彼得·尤厄尔（Peter Ewell）在全国高等教育统计中心工作期间，曾就此问题咨询过几组教师，他说每当他提议要把学生当做顾客看待时，总免不了招来"反对的吼声"。③

20世纪90年代，营利性大学所占的市场份额的增长逐渐引起了人们对这个问题的关注，即营利性大学把学生当做顾客是否合适、是否有益处。营利性大学，尤其是本书中所提到的那些高校领军者——阿波罗集团公司、德夫里公司、教育管理公司、阿格西教育集团、斯特拉耶教育公司，花费了大量的时间和资源去搞清楚谁是它们的顾客，以及怎样才能满足顾客的需求、兴趣和要求。它们通过几种方式完成了这个工作：通过市场调查，尤其是通过公司总部、产业顾问理事会，以及对当地分校的学生所做的集中调查；还有与学生直接打交道的员工顾客关系培训。这些公司通常不雇佣一般教学部门的秘书，它们常常雇佣专业接待员或者客户关系专家。

任何服务性行业都是从清楚地定位谁是顾客为开端的。很多传统教育机构对这个看似简单的问题都搞不清楚。我曾经在一所私立大学任院长，该大学聘请了一名顾问来帮助大学运用全面质量管理的原则。作为工作的第一步，当该顾问询问管理人员和教师"谁是我们的顾客"时，引起了一场持续几个月的校内讨论。几乎没有教师认为学生是顾客。有的人还认为顾客这个词具有冒犯性。教务长最后对这个问题的回答等于没有回答，他说基本上每个人都是我们的顾客。两个院长说教师是主要顾客，还提到校长认为那些理事是主要顾客。最后，校长理事会决定全面质量管理不能运用到高校中。那名顾问也被解聘了。

对谁是顾客缺乏清楚的认识一直是很多高校面临的主要挑战。旧金山大学策略领导中心主任丹尼尔·朱利叶斯（Daniel Julius）说，任何行业，尤其是服务性行业，不清楚服务对象是谁很可能是致命问题。④很多教育机构都承认为不同的资助人——学生、家庭、教师、捐赠者、校友、理事、雇主、当地社区或公众——服务，但是它们经常分不清谁是资助人谁是顾客。

相比之下，营利性大学对"谁是顾客"的问题理解起来并不费力。顾客就是学生，每个人——教师、图书馆管理员、财政援助办公室工作人员、学生自己——对此都非常清楚，其他重要机构和资助人如雇佣毕业生的雇主、企业投资者都不是顾客。

与此同等重要的是，对怎么有效地服务顾客和使顾客满意，营利性大学也毫不含糊。那些成功的营利性大学——就是我所说的那些能保持平衡发展（它们不断增长的招生人数可以说明这一点）、具有一定的教学质量（它们符合地方性和专业性认证标准）的营利性大学——在没有破坏高等教育信誉的情况下，具备了服务学生顾客和满足学生顾客的能力。那些直接和学生打交道的人——如教师、图书馆管理员、招生办公室官员、财政援助工作人员——都清楚，满足学生顾客并不是要对学生的成绩做出让步，也不是屈服于学生的每个需要。那些优秀的学生尤其是有工作、有家庭的学生常常要求严格，他们知道教育质量的价值。我和很多被学校淘汰或跟不上课程的学生交谈过，他们都认识到他们的知识结构缺乏必要的深度和实质内容。尤其是在营利性大学，教育被公开视为消费产品，学生们也公开承认自己是付了钱的消费者，因此他们更为挑剔，希望接受优质教育以回报付出的时间和金钱。服务学生并不是说要屈服于学生的每一个喜好。若是这样做的话，会降低学生对高校的尊重程度。

服务学生顾客主要是对学生需要做出反应。在教学环境中，这涉及倾听学生关心的问题，解答他们的疑问，迅速礼貌地处理他们的问题，向他们解释各种规章制度（包括得当地拒绝）。有的非营利性大学和教师能处理好这些问题，有的却处理不好，尤其是那些连谁是顾客都搞不清楚的高校和教师。

现在，不管我们是否把他们当做顾客，高等教育领域的学生都变得越来越挑剔。一些高校也想接受学生是顾客的观念，结果却发现它们的努力被所谓的"虚拟接受"毁坏，虚拟接受就是口头改变而实质没有改变。⑤虚拟接受是一种应付机制，是一些机构面临不断增长的来自外界要求变化的呼声时学会使用的一种机制。这种机制允许一些机构在没有改变经营模式的情况下，宣称它们已经采取了面向顾客服务的策略。彼得·尤厄尔写道:"当高校面临外界压力(社会不断要求高校从事看得见的商业实践活动)时,虚拟接受是高校在社会中合法有用的生存工具。"⑥这种方法的不足之处非常明显。与此同时,很多营利性大学为学生提供的是真正的顾客服务,学生对这种方法也做出了积极的反应。

有一段时间,人们认为上大学是件很光荣的事。50年前,人们期望学生对有机会向大学老师学习表示感激和谦卑,很多学生也确实这么做了。而现在,很多学生认为上大学是自己的一项权利和一种消费权益。

最近,我见到了一位学生,他抱怨在德夫里公司学的几门课作业量太大。他一直不满意教师、系负责人、院长就此问题给他的反馈,于是,他找到了我。他向我投诉了这些问题:阅读量太大,有门课经常测验,还有一门课要求写3篇论文。他投诉后,我把话题转到了他对学习的责任感问题上。他对此问题不怎么感兴趣。他的观点是交了学费,就应该接受教育。除了交学费、买书、去上课外,他对学习这件事没有什么真正的责任感可言。

我怀疑每一类教育机构中的很多教师、院长以及辅导员都会有相似的经历。当今面向学生顾客服务基本上要求教育机构应该对这类学生的心态做出反应。根据我的经验,通常营利性大学比非营利性大学接受这样的现实要容易得多。因为它们知道学生是上帝,学生的成功是教师、管理人员和教辅人员关心的头等大事。

在这些高校,学生的成功被诠释成两个方面:一是学业成功,这个成功体现在学完课程;另一个成功是毕业时的就业情况,体现在学生毕业时能找到和所学课程相关的薪水不错的工作,这个工作最好还能为学生今后的事业提供发展的机会。为学习而学习的比较传统、比较抽象的学习观念,以及掌握没有实用价值的知识的观念,越来越多的学生和家庭并不认同。完成学业和毕业就业是学生和高校都关心的问题。如果学生获得了成功,他们来高校学习的目的就达到了,而高校的持续增长、市场需求以及利润就可以得到保证。

必须承认,在这种教学环境中,学习依然存在。像我前面指出的那样,不论什么时候好教师遇到了学习动机强的学生——即使学生把此学习当做达到目的的一种基本手段——开启心智、扩大眼界、增长知识等较高目标就会出现,至少存在着实现的可能。

第三节 就 业 率

营利性大学的最终结果测试手段也许还是毕业生就业情况。在很多方面,毕业生的就业才是推动整个营利性大学体系前进的动力,因为就业(有些情况下是职业发展)既是学生顾客的目标,也是学位价值在市场中看得见的指示器。

五家最大的营利性大学的就业排名情况见表4.1。表中各高校学生就业率表明了学生毕业后6个月内找到与所学课程相关的工作的比例,这一比例从德夫里公司的96%到斯特拉耶教育公司的79%,比例不等。我找不到非营利性大学与此相关的可比数据,因为非营利性大学通常不公布毕业生就业率,有的非营利性大学把本科生毕

表4.1 营利性高等教育公司的财务业绩

公司名称	股票业绩 1994—1999	P/E 比率 1998	P/E 比率 1999	P/E/G 1998	P/E/G 1999	5年估计增长值	违约率	就业率
阿波罗集团公司	1 538%	32.7	25.9	139%	109%	30%	5.8%	—a
德夫里公司	743%	53.1	42.6	309%	265%	20%	17.0%	96%
教育管理公司	269%	42.1	35.0	245%	210%	20%	16.6%	87%
ITT 教育服务公司b	710%	35.3	29.3	212%	176%	20%	17.2%	90%
斯特拉耶教育公司	399%	27.7	22.5	—	—	20%	15.2%	79%

数据来源:

1. Merrill Lynch, *In-Depth Report*: *The Book of Knowledge*, *Investing in the Growing Education and Training Industry*, Report 1268 (1999/4/9).

2. H. Block, ed. *Education Industry Overview*; *The E-Bang Theory*, Banc of America Securities, Illuminismo Volume 2, Education Industry Overview (1999/9).

注:a. 此栏没有数据是因为阿波罗集团公司的大多数学生都已经就业。

b. 本表中用ITT来代替阿格西教育集团,是因为阿格西教育集团1999年才成为上市公司,还没有财务业绩记载数据。1999年,阿格西教育集团的违约率是4.6%,就业率是95%。

业后接着攻读研究生的情况看得比本科毕业生的就业率重要得多。毫无疑问,营利性大学毕业生的就业率是高等教育中最高的。毕业生找到与所学专业相关的工作的就业率既是营利性大学的一个重要商务标准,也是职业型高校办学宗旨的主要指示器。

产业分析人士认为,毕业生就业情况是学生毕业后对他们预期的教育投资回报(ROEI)的一种测量手段。个别高教产业观察人士计算出,美国学士学位的教育投资平均回报率为18.7%。[7]这一计算结果代表了学生交了学费(包括教育贷款)、获得学士学位后的就业预期的平均财政回报率。由于营利性大学强调开设市场需求较高的课程,其教育投资回报率达到了28%。例如,1998年,在计算机相关领域中,有学士学位的毕业生的起始年薪超过了42 000美元。2002年,在计算机相关的高技术领域,教育投资回报率高达35%。[8]

营利性大学有意把自己定位在这样的教育领域,即能产生较好就业率和较高教育投资回报率的领域。只要雇主需要毕业生,就有开设课程的必要。这两者对持续营利都非常重要。

第四节　开设需求较高的课程

营利性大学把自己的课程面向有特殊要求的市场。它们只开设那些市场需求高又没有市场供应的课程,这样的课程以后显然还会有较大需求。营利性大学开设的学位课程与大多数大都市报纸上的招聘职位紧密相关。例如,20世纪90年代,周日版的《纽约时报》每周有几百个职位需要信息技术、通信、网络管理以及计算机信息系统等方面的人才。进入这些职业的条件是要有这些专业的大学学位。几家营利性大学就把自己的办学方向和这种需求统一起来。作为企业,它们出色地找到了雇主们所需要的学术背景,然后把这种需求转变到所开设的课程中去,这类课程强调知识应用和技能培养。

如第三章中指出的那样,先寻找市场中没有得到满足的需求,进而开设出满足这些需求的课程,这种方法吸引着营利性大学服务市场的两大因素——学生和雇主。营利性大学和非营利性大学进入这些市场的重要区别在于，营利性大学不去界定市场动力的教育需要，它们强调的是要对市场动力传达出的需要做出反应。营利性大学的重点不在于说明市场需求，而在于不断收集市场信息然后对这些信息做出反应。营利性大学是靠仔细监测手头数据的变化来完成这些反应的，这些数据包括学生对所开设课程的兴趣（通过学生咨询、学生申请和招生人数变化来获得）和雇主要求（通过询问参加面试的学生、了解职业供给情况、每个专业毕业生的就业率情况获得）。它们也会通过跟踪分析人士公布的产业动向来寻求开设新专业课程的机会。一些营利性大学雇佣了一些精通新兴产业的顾问来帮助它们，与此相似，一些营利性大学雇佣了一些说客去了解州资本和国家资本的投资方向。

　　解读市场并不是什么非常复杂和高深莫测的过程。它主要涉及关注高校已有的数据，即高校的招生人数和注册趋势，以及高校的毕业生就业率。由于在营利性大学和非营利性大学都生活过、工作过，我认为它们最根本的区别是营利性大学，对这些信息更为关注。

　　为了对市场做出反应——和很多非营利性大学一样——营利性大学并不想把自己的特色市场建立开设竞争者没有开设的课程方面。营利性大学的策略重点是找到对市场有效反应的途径，而不是提供别处没有的教育产品，这种策略在非营利性大学倒是经常运用。

　　最近，《高等教育年鉴》描述了一些不知名的小型文理学院为生存而苦苦挣扎的窘境。[9]这些学校在校学生人数一般不超过750人，办学地点一般位于美国的一些小城镇，吸引不了外界的学生来就读。美国教育部收集的数据表明，即使在20世纪90年代——美国经济腾飞的年代——这些高校还以每年两家的速度关闭。这些高校面临的财政问题实际上只有通过扩大招生规模才能解决。在寻求扩大招生的途径时，有的高校错误地认为吸引学生的关键是所开设课程的独特性。这个途径的危险在于所选的课程如此独特以至于缺乏足够的市场需求，《高等教育年鉴》所描述的美国中西部的那些规模较小的高校中，就存在着这种情况。

在高等教育中，市场需求可能要比市场独特性对利润的作用更大。市场需求和市场独特性二者结合起来对利润的作用会很大，但是二者中，市场需求的作用更为主要。如果说营利性大学的课程更具特色，那是因为与非营利性大学相比，它们与市场的需要更能保持一致。例如德夫里公司的新泽西分校，在2000年新开设了通信管理学士学位课程。尽管新泽西州是通信产业的集中地，这门课程还是该州在此领域开设的第一个学士学位课程。

营利性大学依靠开设市场需求高的课程、不开设没有市场需求的课程的手段，集中资源使自己持续发展和扩大生产，这对实现经营营利企业所需要的规模经济来说非常必要。营利性大学由于把自己定位在确保学生需求和毕业生雇主需求的市场中，因此它们能够保证自己源源不断的收入，而这些收入是可以预测的。

第五节 快速适应市场

在公立和私立非营利性大学中做了20年的管理工作后，我很清楚营利性大学快速发生的巨大变化，尤其是对课程方面做出的改变。为了适应来自学生、雇主、认证机构要求、教学改进以及技术改变等方面的反馈需求，一般来说，营利性大学每学期在课程方面都会有一些改变，如修改课程内容、增开一些课程、取消一些课程。在这些高校，通常每年都要2～3次引进一些新的学位课程，每次引进一门。对于那些没有什么市场需求的课程，就予以取消，而在我工作过的那些非营利性大学中，我从来没有见到过这种情况。营利性大学还有一个好处：它们能够协调总部资源和分校资源，如在分校，可以先进行一些课程的试点，成功后再向其他分校推广。这样学校的能量就会向持续变化的方向调整。

在营利性大学，整个新课程的开发到启动仅需要数月的时间。德夫里公司的IT证书课程就是很好的例子。该课程的入学条件是需要入学学生有一个学士学位。该课程设计为学生只需要学习三个学期，就能学完IT学位的基本核心技术课程。该课程主要是针对那些已经有别的学科的学士学位，但却想进军蓬勃发展的IT行业的学生。该课程于1998年在多伦多的一个分校试点，几个月后，被推广到美国的菲尼克斯分校、亚利桑那分校，学生们和雇主们对此课程反响非常强烈。到1999年年底，用德夫里公司的话来说——这也是汽车行业术语——该IT课程运用多伦多和亚利桑那的课程模式在美国其他几个分校"量产"了。

教师们总是被卷入这些变化过程中，但是他们对这些课程变化没有决定权。决定权在大学业务管理者手中。传统教育人士也许会觉得这种安排欠妥，可在营利性大学中，教师们只是被看成教学与具体教学操作的专家，他们不必适应市场需求来设计课程或者开发出新学位课程。因而，在营利性大学中，就有了学科专家和课程专家的区别。新课程的开发需要团队努力——它需要营销人员、招生人员、财政援助人员、就业人员以及教学人员的共同努力才能完成。尽管营利性大学中对学科内容和课程所有权等问题还有一些争议，但是这些争议只是暂时的。我非常奇怪，在这样的环境中，教学机构能有这么大的灵活性。

在非营利性大学中，关于课程改革的争议经常要持续数年，有时却什么结果都没有。有一个大学，我是其核心课程委员会的成员，该委员会连续10年开会讨论核心课程改革问题，但是结果都是重复老套，什么问题也没有解决。在委员会做出最后建议之前，其中一个成员就已经不在人世了。最后，委员会还是没有对大学核心课程的改革做出任何建议。

非营利性大学在某种程度上也是市场型的，但是如果用商业标准来衡量的话，它们还算不上市场反应型的机构。其实，对市场缺乏反应能力可能源自它们缓慢而麻烦的决策过程，而这种过程是高等教育领域长期以来的特点。虽然这一过程的初衷也许是想做出较好的决策，而不在乎决策的速度，在我看来，这种想法有些不切实际。如果参与决策的人员过多，决策的速度就会慢下来，结果常常是什么决策也做不出。丹尼尔·朱利叶斯、鲍德里奇（J. V. Baldridge）以及普菲尔菲（J. Pfeffer）都认为，在传统高等教育领域中，决策实际上只是一种幻想。他们写道："高校根本做不出什么决策，相反，做出的决策通常非常松散，有些甚至与初衷背道而驰。到执行时，有时决定还没有完全做出来，当强大的政治团体出来反对时，它们就失去了影响。"[10]这说明对市场做出反应首先要求做出决策，而且是快速的决策。营利性大学决策的有效性不是基于花时间处理每个反馈或者是对这些反馈达成共识，而是基于对市场反应所做出的决策的好坏程度。

第六节 校 历

营利性大学的校历由两个目标支配：一个是教学设施的最佳使用，另一个是教育消费者的便利性。全年都在开设课程，这样四年制的课程，学生三年就能学完。同时，即使在夏季，教学设施也能得到利用。课程是按照白天、晚上、周末这样的时段安排的，这使得做全职工作和兼职工作的学生能保证课程的全程学习。一年通常举行三次毕业典礼，这样学生源源不断地毕业走向工作岗位。和非营利性大学的校历相比，营利性大学校历的制定没有考虑传统，也不考虑教师的方便程度。

第七节 学费收费标准和教育成本

对于"学费收费标准"，我指的是收费水平和收费定价策略。对于"教育成本"，我指的是高校教育学生的花费以及管理这些花费的方式。营利性大学营利的一个原因是它们把收费标准定位在能赢利的水平上，同时在学生市场上这一水平又具有竞争性，能够被学生接受。在制定学费标准时，它们既考虑了市场的承受能力，又考虑了价位的竞争力。几乎所有的营利性大学都把学费定位在公立非营利性大学和私立非营利性大学的收费水平之间。与此相反，很多非营利性大学的定价策略放在平衡预算和支付教学人员、学生以及职员所需要的学校教学设施和课程所需收入的多少上。

在过去的20年中，培养一个本科生的价格（按美元的实际价值）翻了两番，在20世纪90年代的10年中，学费平均增长速度比美国普通家庭收入增长速度高出两倍多。[11]大学教育价格持续上涨的速度比其他经济指数上涨都快，很多高校可能是按照自己的教育市场情况来确定学费的水平。

当非营利性大学迫于外界压力要求解释其收费增长比通货膨胀率上升的速度更快时，它们经常解释说由于教育成本不断提高，因此必然要提高收费标准。安能伯格公共政策中心（Annenberg Public Policy Center）的高级研究员马修·米勒（Mathew Miller）说："高校和其他非营利性机构一样，它们竭尽全力去筹集资金，然后再把这些资金花掉。"[12]米勒进一步指出非营利性大学的很多开支都和学生的教育没有直接关联。产生这种现象的一个原因是非营利性大学间愈演愈烈的市场竞争水平，这种竞争促使各个高校增加一些价格不菲的设施，尤其是那些与实物预算开支有关的设施，而这些设施与学生教育可能没有什么直接关系。[13]相反，营利性大学把昂贵设施保持在最低限度，提供的是一种较为经济的教育服务，把教育资源配置到那些和学生教育直接相关的开销上，如教室设施、教学实验室、教育技术设备等。

这种区别清楚地体现在营利性大学的预算过程中。在预算过程中，如果院长和教师提议拨出资金用于教室和实验室设备建设，这些建议会立即得到采纳。这是一种商业决定，而不是政治决策。例如，当订购新计算机来替换那些旧设备时，学生使用计算机频率高的地方像实验室和图书馆常常是首先考虑的对象。那些和学生教育显然没有太大联系的开销请求，如行政办公室添置新家具的开销常常要得到特殊批准才行，而且要经过事先仔细的预算方可。

在营利性大学，教育成本测算过程和管理过程非常精细，这种精细的结果导致了营利性大学中每个学生的教育成本比非营利性大学学生的教育成本要低出很多。公立非营利性大学、私立非营利性

大学以及营利性大学每个本科生两个学期的教育成本如下:*

公立非营利性大学	私立非营利性大学	营利性大学
$17 026	$23 063	$6 940

很显然,从这些数字可以看出营利性大学能够控制收费标准:它们的教育成本实在是很低。相比之下,很多非营利性大学对教育成本并没有定期做精细的测算和追踪。实际上,一些非营利性大学根本没有什么成本测算体系。⑭

通过控制与教育和教育支持体系没有直接关系的经费,营利性大学创造了营利的机遇,它们很少依靠提高学费来涵盖教育成本。在20世纪90年代,一般营利性大学学费每年只增长3~4个百分点。非营利性大学也开始取消和教育没有什么直接联系的课程和项目。例如,在马萨诸塞公立大学系统内,高等教育委员会已经敦促减少与学生和教学没有什么关系的公共服务,这样做的目的是稳定迅速增长的教育成本。⑮

营利性大学由于没有昂贵的学生公寓、体育馆、教工餐厅、运动队、校长寓所,把教师非教学时间减少到最低限度,这样就能够把学生教育成本和学费标准保持在相同水平或接近水平。这个策略真正的商业魅力在于营利性大学一直能够稳定教育成本和教育收费之间的关系,这样学费实际上就能涵盖教育成本。然后,利用规模经济的优势,营利性大学就能够平衡每门课程招收大量学生带来的利润。招足够的学生和招生规模的扩大产生了稳定的教育成本和可以预测的收入。

第八节 规模经济和运行效率

任何机构中规模经济的建立都能够降低成本和提高操作效率。

---

* 这些数字代表了1997—1998年度两个学期每个学生的教育和普通预算开支情况。营利性大学的数据来自德夫里技术学院,其他数据来自全国高等教育统计中心 http://nces.ed.gov/pubs98/MiniDigest97 网站上的教育统计文摘。

例如，研究表明，在加利福尼亚州立大学体系内，随着分校规模的扩大，配置到行政开销的预算比例就会减少。加利福尼亚大学伯克利分校的原教师、《管理今日大学》（*Managing Today's University*）一书的作者弗雷德里克·博德斯顿（Frederick Balderston）说："这样的规模经济可以作为一般行政费用预算百分点下降预算标准的组成部分。"⑯

由于企业要对股东负责，营利性大学非常看重经营效率和规模经济的利用。例如，使效率最大化的一个关键是控制班级大小。营利性大学的重点不是进行大班授课，而是尽量减少和消除小班授课情况。例如，我所在的德夫里公司的学校里，在校学生为 3 500 人，平均每班人数为 37 人，最大班级人数为 67 人。有些课程如作文课平均每班人数为 27 人。和几乎所有的营利性大学一样，德夫里公司发现班级规模控制在 30～40 人似乎能优化学生的保持率和教师资源的充分调配。它们非常注意班级设计和班级管理工作，这样可以避免小班的出现，尤其是少于 15 人的班级的出现。每学期一开始分班，这种工作就开始着手进行，它们密切关注招生人数和注册人数。把两个招生人数不满的班级合成一个，或者把招生人数过满的班级拆成两个，这样的最后调整在营利性大学中司空见惯。对班级做最后的调整导致的一个结果是，一些教师不到开学时是无法知道自己的教学安排的。这种不便远不及那些服务教育顾客的需要和业务管理的需要重要，这两者比教师的方便程度得到更优先的考虑。大多数营利性大学的教师都理解并接受这种情况，他们把这作为适应学生消费需求的教育环境的工作实情来看待。

控制班级大小也能使大学最大限度地利用各种设施。一般营利性大学的教室都设计成能够容纳 35～50 个学生，另外还有几间小讨论教室以及几间能容纳 70～80 个学生的大教室，用于偶尔开班的大班级使用。

营利性大学中，每门课程的开班人数也得到了仔细监控。每学期每门课程至少要有 15 个学生。实际上，每门课程的开班人数通常都有几百人，如果开班人数不足 15 人，那么这门课程在那个学期就会暂时取消。招生工作人员密切关注着这些数字，因为由他们负责通知学生是否开班。实际上,很少有课程不开班的,这不足为奇。

图4.1显示的是营利性大学的营利因素。单凭其中的任何一个都不行,它们只有结合在一起,才能构成商务和学术活动的强大组合力量,带来利润。自然,获得利润是必要的。在下一节中,我还会谈到获得利润的必要性并不只局限于营利性大学。

第九节 利润:到底什么是利润?

www. capitalism. org 网站的作者马克·达·昆哈(Mark Da Cunha)说:"追求利润就是追求创造。"达·昆哈认为利润是创造的结果,而不是贪婪的结果。为了营利,首先要创造一些东西才行——创造目标、创造过程、创造理念——别人会发现这些东西的价值。他断言:"利润是创造价值的象征和回报,可以把它看做是别人愿意用财富来交换这些创造。"[17]达·昆哈指出追求利润的动机本质上是件好事,它的对立面亏损本质上则是件坏事。当然,我们很少听说亏损动机,因为只有当机构的目标实现不了时,才会出现亏损现象。亏损是可以预测的,甚至是可以计划的,但是很少有企业要去实现亏损的目标。所有健康的机构——营利性也好,非营利性也好——按其本性来说都想实现其投资的回报,这也是一种利润。

《牛津英语词典》指出"利润"这个词的词义代表的确实都是些正面意义。作名词用时,这些词被描述为:前进、发展、收益、好处、益处、福利;作动词用时,被定义为:取得进步、前进、向前、提高、繁荣、增长。利润是自由市场经济的基本特征。利润是产品或者服务的成本价与产品或者服务的销售价之间的货币差。在高等教育中,利润是教育成本和学生交纳的学费之间的差价。

人们一般认为非营利性教育机构是没有什么利润可言的,是不会按照追求利润的动机来运行的。相反,人们认为营利性大学就是为了赚钱才存在的,它们受追求利润的动机的支配。这些差别似乎只是措辞的差别,而不是真正财务方面的差别,尽管它们也有一些财务方面的差别。

第十节 利润和超额收入

必须指出,很多非营利性大学实际上也有利润。其实,它们的资本形成需要利润,获得资本对机构的成长、机构质量的保持甚至是机构的生存都非常重要。罗伯特·莱宁顿指出:"实际上,大多数非营利机构确实有利润,它们把利润在资金之间悄悄地拨来拨去。如果它们没有营利的话,就无法进行再投资,从财政上说,机构的发展将永远处于起步阶段。"⑱少数非营利性大学如哈佛大学每年产生的利润高达数亿美元,哈佛大学单单是成人教育项目每年就能有1.5亿美元的额外收入,这些收入中的10%被用于预算,其余的都补贴给大学的其他项目。⑲

大多数高校利润都不太高,在好的年头,利润从几千美元到几十万美元不等。这些利润被叫做"除去开支和托管转账后的超额收入"。换句话说,在年底,扣除所有开支和转账费用后,剩下的费用就是"超额收入"。依我看,超额收入和利润没有什么实质性差别,它们都是扣除开支后所剩下的财务收益。当然,超额收入是不用纳税的,因为非营利性机构不需要纳税。

对超额收入和利润的进一步区别是非营利性大学需要按照非分配约束来操作,这一约束禁止把利润直接分配给业主。相反,营利性大学是私营的,因为有业主,学校要把一部分利润分配给业主。像阿波罗集团公司、阿格西教育集团以及其他上市教育公司,业主们主要是个人,他们自己就是股东。这些公司营利时,一部分利润就会以资产净值或者股息的形式分配到业主手中,有时业主可以同时得到这两种分配形式。由于非营利性大学没有业主,至少它们没有股东，它们就不会以这种方式来分配利润。* 实际上，很多非营利性大学把超额收入储存在准捐赠款基金中，然后再把它用于其他方面，包括分配方面，有时以涨工资的方式分配给教师。

因而，营利性大学和非营利性大学的区别显然不只是利润问题，因为利润区别只是措辞方面的区别，也许只是会计操作活动的区别。实际上，营利性大学和非营利性大学的真正区别在于是否纳税。营利性大学需要纳税，而非营利性大学是免税单位。由于非营利性大学不交纳税收，因此它们要受到不分配约束，这个约束要求它们把超额收入再投资到高校中，而不是分配给业主。正如前面指出的那样，普利策奖获得者、经济学家米尔顿·弗里德曼多年来一直呼吁要废除"营利性"和"非营利性"这两个术语，因为它们有误导作用，而且也不准确。弗里德曼说，真正有意义的区别是"纳税"和"免税"。[20]

第十一节 营利动机和消费动机

营利性教育机构追求超额收入的实现，对此它们并不以为耻，因为这是一些实际业务情况，也是对股东责任的表现。有些人认为，追求利润动机和教育宗旨是相违背的。然而，正如我指出的那样，非营利性大学也存在着追求利润的动机，而且对此它们做得也不错。和营利性大学一样，它们有意识地预测超额收入，计划超额收入，并把它们作为预算过程的组成部分。[21]

当涉及到财务问题时，营利性大学比非营利性大学更像企业。上市公司要公开财务情况，还要向证券交易委员会提交详细财务季度报告备案。这些高校不需要隐藏追求利润的动机，它们对使用财务资源要负有责任，对追求利润的动机不需要什么借口。如果高等

---

* 虽然非营利性大学没有股东意义上的业主，但是如果说它们没有人掌管也是不准确的。在我看来，很多群体好像都在掌管它们。例如，教师俨然是业主；理事有时也好像把托管责任解释成一种所有关系；在公立大学，州政府和每个纳税人也会觉得自己是大学的主人。

教育没有什么利润可赚，这些机构也不会首先考虑进军这一产业。

在非营利性大学，人们赋予消费特殊的意义，这个意义对各单位管理人员维护和保护单位运作非常重要。消费动机经常以保持收支平衡的假象出现，它实际上是花掉配置到预算中的所有经费，即使有时并不需要这些经费。在非营利性大学，资金通常都按照预算的标准全部花掉，这些单位如果不这样做，它们唯恐这些资金会在来年的预算配置中消失。

教学行政人员知道如果他们在财政年终时，不花掉所有预算拨款会有什么结果——他们必须把剩余的预算款交上去。结果在很多非营利性大学，临近财政年终时，各单位都疯狂消费。一些首席财务官对此非常清楚，他们在财政年终前一两个月就冻结一些开销，这只是意味着各单位要早点消费掉拨款，而不能等到年底。可以说营利性大学的管理者，尤其是和职员安置部门的管理者，他们和非营利性大学的消费方式一样。然而，据我所知，营利性大学在整个财政年度对预算花销都管得很严，结果年终开销就不会太大。

用弗雷德里克·鲍德斯顿的话说，所有这些都"对节约管理产生了巨大阻碍作用"。财政年度结束时，还有节余资金，这实际上对来年的预算可能产生不利影响，因为来年的预算一般是以上一年的费用支出情况为基础。鲍德斯顿认为，这对节约资金动机的最后影响令人"不寒而栗"。[22]管理者们对提高运作效率没有什么财政激励机制，他们却面临着节约资金的严重障碍，最后他们自然就落入了消费动机的圈子里。

这也是一些原来是非营利性质的机构如博物馆、美术馆、交响乐团、医院现在正在向营利性质改革的基本原因之一。就在前不久，这样的改革连想都不敢想。美国联路总顾问、美国教育部规划预算评估秘书处代表查尔斯·科尔伯（Charles Kolb）把消费动机描述成消费和业绩之间的一种负相关关系。[23]他指出非营利性大学的过度欺诈和管理不当问题已经产生问责的强烈要求。这些改革在高等教育中扎根只是时间的问题。在这个改革过程中，我们得出的教训是追求利润本身不是什么坏事，追求利润的动机不见得就和社会利益不一致。

第十二节 利润和社会利益

小本诺·史密德（Benno Schmidt Jr.）一生大部分时间都信奉非营利性教育模式，他也是非营利性教育一些主要价值观的拥护者，这些价值观包括言论自由、古典文科教育观。作为耶鲁大学的第二十任校长，史密德成了传统高校的代言人；作为一个出色的资金募集人，他把耶鲁大学捐赠款的增长速度提高到了所有私立大学中的最高水平，比哈佛大学还高。

1992年史密德离开耶鲁大学，去做了爱迪生工程（Edison Project）——一个有进取精神的教育公司，现已拥有80所小学——的首席执行官时，他的很多同事和朋友都非常惊讶。最近在纽约举行的一次会议上，他回忆起当时的情况说："当时他们都以为我疯了。"[24]经历了各种转变后，史密德现在已经成了另一阵营——营利性教育——的代言人。

他说："认为市场和利润与服务社会互相抵触，这纯粹是个神话。"史密德亲历了营利公司把资金作为捐赠款注入到社会，用于支持言论自由和人文教育。史密德说，自从他离开耶鲁大学，走进营利性教育世界后，他一直对营利性机构的利他主义感到震惊。[25]这种利他主义一部分体现在私营公司把资金投资在美国社会和经济未来发展上，主要以投资科研开发的形式出现。这样的投资已经产生了切实效果。

在梅里尔·里齐公司工作的市场观察家们说："最近30年中，美国经济发展最重要的引擎就是科研开发带来的产品和技术。"[26]例如，微软公司把收入的17%投入到科研开发上，换句话说，在1998年，它投资了25亿美元用于科研开发。英特尔公司把收入的10%投在了科研开发上；梅尔克公司（Merck）投了收入的7%；通用汽车公司投了79亿美元，换句话说，在1998年，通用汽车公司把总收入1 404亿美元的6%投到科研开发上。*

利润和社会利益不见得就互相抵触，有时，它们还能协调发展，这从第三章中所说的私营教育对边缘人群的重要作用中可以看出。这又使得人们对营利性高等教育是否能取得适合传统高等教育各种目标的当前地位和将来地位产生了质疑。

在《约束的心灵：学生们应当理解什么》(The Disciplined Mind: What All Students Should Understand)一书中，霍华德·加德纳(Howard Gardner)提到真正意义上的教育的基本内容最后归结为三个方面：真、善、美。㉗如果社会利益和利润动机真的可以协调发展，那么营利性大学提供的教育也能真正地围绕真、善、美这三个方面进行。营利性大学真的能对学生提供教育吗？还是只是为了收取费用而向学生提供工作资格和工作培训？我们是不是应该询问非营利性大学同样的问题呢？

这些问题都很重要，在任何正式探讨公司利润动机和教育宗旨的谈论中，这些问题自然会出现。在接下来的两章中，我们对此还要进行充分考虑。在撇开利润动机这个话题前，我们必须承认它的阴暗面，尤其是关于它提供高等教育业务的方面。

第十三节 利润动机的弊端——贪婪和推销

在营利性大学工作期间和对营利性大学的研究中，我发现营利性大学的弊端有两种方式——贪婪和推销。这里，贪婪的意思是不加抑制地追求越来越多利润的欲望。在我看来，这种不加抑制的欲望在私营公司方面和它们的领导方面并不是什么问题，因为它是市场经济本身的主导力量。股东要求投资有所回报，上市公司要生存，必须依靠营利。作为一个有学术宗旨的企业，营利性大学有时在两

---

* 相反，美国K-12公立教育年收入超过3 300亿美元，花在科研开发上的资金不足收入的0.1%。为了解决这个问题，科学技术顾问委员会最近号召对联邦教育研究增加5倍即达到15亿美元，这意味着对科研开发的投资增加到收入的0.5%上。

种力量之间徘徊：一种是满足无法抑制的追求最大收入、最大利润率、对股东资产净值最大回报的欲望，另一种是教书育人的激情。正如我在全书中指出的那样，二者经常和平相处，当遇到僵局时，它们同意分歧的存在。每当这些时候，当学术方面承认高校的财政健康能够提供必要的实际支持时，商务方面会允许教学方面自行其是，在相当肤浅的层面上，这似乎难以充分理解。有时，它们之间的关系很紧张，这时，学术方面就会后退一步，因为商务方面握着最后的王牌：没有了商务支持，学术方面也存在不了。在这些时刻，财务的强制力量——贪婪——就会有湮没霍华德·加德纳提出的真、善、美三位一体的教育价值的危险。

例如，像我在第二章中阐述的那样，所有的营利性大学都不喜欢对图书馆进行投资。商务方面把这笔投资叫做纯开支。阿波罗集团公司的图书馆都是网络图书馆，斯特拉耶教育公司有几个分校的图书馆，每个馆馆藏只有几千本书，教育管理公司的图书馆馆藏只有一万册左右，曾经受到过中北部认证协会一再要求对图书馆多增加投资的德夫里公司的各个分校，图书馆馆藏才勉强达到三万册。它们这样做的理由很简单，因为无论图书馆有多重要，它们的成本都较高，而又没什么利润可图，由于它们占去了商务管理者所称的"没有收益的空间"，因此会引起利润率的减少。

高等教育中，利润动机的另一个弊端是强调推销。在营利性大学，招生办公室基本上是推销办公室，招生人员都是推销人员。他们利用推销方法来招生，在学生报考决定过程中，他们无意中没有根据准确信息引导学生，有时可能会误导学生，常常还会用招生截止的策略来迫使学生报名。

偶尔，这种推销压力也会产生事与愿违的后果。例如在美国主要城市都设有艺术学院的教育管理公司，在1999年就被它管理的休斯敦艺术学院的145名新老学生告上了法庭。这些学生宣称他们是"被误导相信该学院提供给他们的教育服务的好处和教育服务的质量"。[28]这种"误导"可能出现在招生的开始阶段，即他们接受招生人员促销广告时。到写这本书时，这场诉讼官司中又有90人卷入，到现在官司还没有定论。这些学生是不是受到误导，现在得由法院裁决。很显然，情况是很多学生觉得自己受到了误导。

从另一方面说，这种推销压力正是一些招生对象可能需要的东西。我与一些毕业生交谈得知，当他们回顾招生情景时，他们非常感激这种额外的推力，这种推力把他们推进了学校的大门，继而又把他们推进了一个崭新的行业。但是对推销手段的强调也许会剥夺一些学生对专业和职业选择进行深思熟虑的时间。营利性大学的每个学期中，都会有一定比例的学生盲目地进校学习。这种情况在非营利性大学中也有，不同的是，在营利性大学中，是有人在推销这些专业。

承认了利润的两个阴暗面后，现在我们来看一看营利性大学中的收入来自何方，花在何处。

第十四节 收入来源

表4.2比较了非营利性公立高校、非营利性私立高校以及营利性高校的收入来源。毫不奇怪，非营利性公立高校最大的收入来源于州政府的补贴，补贴占了总收入的35.9%，再加上联邦政府和地方政府的补贴，这些补贴一共占了总收入的51%。这些财政援助直接来自公民所缴纳的税款。

表4.2 高校的收入来源

收入来源	非营利性公立高校	非营利性私立高校	营利性高校
学费	18.4	42.4	94.5
联邦政府	11.1	14.4	0
州政府	35.9	2.1	0
地方政府	4.0	0.6	0
私人礼金、赠款、财产转让	4.0	8.8	0

续表

收入来源	非营利性公立高校	非营利性私立高校	营利性高校
捐赠收入	0.6	4.7	0
销售与服务	23.0	22.2	5.5
教育活动	3.0	2.8	0
附属企业	9.5	10.0	5.5
医院	10.5	9.4	0
其他	3.0	4.8	0
总数	100.00	100.00	100.00

数据来源：这些数据来自全国高等教育统计中心和教育统计文摘(1995)的非营利性公立高校和非营利性私立高校部分。营利性大学的数据是作者加上的。

相比之下，非营利性私立高校收入中，州政府的补贴只占了2.1%，再加上联邦政府和地方政府的补贴，这些补贴一共占了总收入的17.1%。缺乏州政府的资金是这些高校摆脱州政府统治而独立存在所付出的代价。这样，损失的收入就转嫁到了学生身上，结果导致非营利性私立高校的学费明显高于非营利性公立高校的学费。

营利性大学不但没有得到州政府的任何补贴，而且还要向联邦政府、州政府以及地方政府纳税。营利性大学收入的94.5%来自学生所交的学费，相比之下，非营利性公立高校来自学生学费的收入平均只占了它的总收入的18.4%，非营利性私立高校来自学生学费的收入占了总收入的42.4%。营利性大学的其余5.5%的收入来自它的附属企业——基本上是书店。除此之外，营利性大学就没有什么别的收入了。

有意思的是，营利性大学除了学费收入外，它们并没有尝试着扩大收入途径。它们主要满足于以学费作为唯一的收入来源。相反，很多传统高校，尤其是私立高校，多年来一直试图摆脱过度依赖学费作为收入来源。当美国很多传统高校面临着不断提高的教育成本时，当它们的学费收费标准已经达到了教育市场承受能力的上限时，多年来，它们一直试图扩大除学费以外的收入途径。它们采取了不同的形式，包括最近很多大学对继续教育的营利性投资，这些大学有斯坦福大学、哥伦比亚大学、纽约大学、康奈尔大学、马里兰大学以及坦普尔大学。虽然在过去的20年中,学费价格持续高出通货膨胀率好多,非营利性公立高校和非营利性私立高校在这方面还是取得了一定的成功。㉙

营利性大学不仅仅把学费看做能够支撑当前运转和产生利润的收入来源。其实,和很多其他产业的收入来源相比,学费还具有相对稳定和可以预测的特点,建立在其基础上的高校能保证财政安全,因为学生的学习要持续几个学期,他们要提前把所有学费都交完,这样学校的收入可以提前几年预测出来。

第十五节 学 校 开 支

要直接比较营利性大学和非营利性大学的开支情况非常困难,因为它们的预算和财务报告的具体操作大相径庭。例如,非营利性大学采用的是资金会计,营利性大学则没有采用这种会计。非营利性大学利用营利性大学不采用的财务报表费用类别,如实物和图书馆开销的独立项目表。营利性大学的财务报表包括推销和宣传活动费用(一般占到收入的10%~15%),非营利性大学则没有这些费用。营利性大学的资产折旧和纳税款项是一笔重要开支,非营利性大学则没有这笔费用。因此,要想比较营利性大学和非营利性大学的损益计算书和资产负债表,那就如同对苹果和橘子进行比较一样。

然而,为了做出一些有价值的区别,对营利性大学和非营利性大学的收入去向做一个较广意义上的比较还是可能的。通过对几所营利性大学,尤其是本书中提到的五所大学——阿波罗集团公司、德夫里公司、教育管理公司、阿格西教育集团、斯特拉耶教育公司——的财务报告的研究以及对来自全国高等教育统计中心有关非营利性大学的现有数据的比较,我们发现了它们之间非常有意思的异同。

正如我们知道的那样,虽然非营利性大学和营利性大学之间的收入来源明显不同,可是他们的收入去向却似乎同大于异。所有高校最大的一笔开销就是支付薪水,尤其是全体教师的薪水。威廉·杰勒玛(William Jellema)对高校财政的著名研究表明:非营利性大学中,教师开支占了整个预算的50%还多[30],营利性大学的情况也一样。

例如,阿波罗集团公司1998财务年度纯收入的59.6%用于教学成本和教学服务,德夫里公司为59%,教育管理公司为66%,阿格西教育集团为51%,斯特拉耶教育公司为39.6%。[31]因此,任何以课堂教学为基础的教育企业,其最大开支就是教师的薪水和福利。这种情况在那些以聘请兼职教师为主的高校也是如此,如菲尼克斯大学、佩斯大学(Pace University)以及其他大学。大多数高校不断依赖兼职教师,这也许能阻止教师开支的增长,即使这样,教师的工资开支还是占了绝大多数(虽然不是全部)得到地方认证高校的预算开支的最大份额。

营利性大学教师薪水通常可以和非营利性大学中教相似课程的教师所拿的薪水相媲美。我通常认为,由于这些高校的策略是支付一个大概水平的工资,而这工资通常要比其他高校工资低到15%。这个策略产生的影响是在总计中明显节约了工资开支,尽管这样,这样的工资还能吸引和留住不少优秀的教师。例如,在德夫里公司,各个级别教师的年工资幅度要比各个地区的其他高校工资幅度低,也比每年调查的数据例如来自《高等教育年鉴》上的数据低。由于德夫里公司的全体教师全年都在上班,夏季都不例外,为了具有可比性,他们必须把九个月的薪水调整为11个月的薪水。

虽然营利性大学的福利和非营利性大学的福利也可以相媲美,但营利性大学没有实行TIAA-CREF退休金计划。而是为教师提供401K条款退休计划,这个计划一般给教师的退休账户只拨入很少的一些款项。为了弥补这个计划的不足,一些大型营利性大学经常把股票优先股以红利或者奖金的形式给那些业绩突出的教师。

虽然在营利性大学教师的工资要略低一点,但是这些高校能给教师提供一个较好的工作环境,在这样的环境中,教师没有什么科研压力。还没有证据说明那些主要营利性大学由于教师工资很低,而聘请不到教师和留不住教师的。

在非营利性大学，除了教师工资开支外，第二笔较大的开支就是一般行政人员的开支，这笔开支包括主要行政职能部门的成本，例如管理者和员工的薪水、福利以及各个办公室开支，包括为整个高校提供服务的办公室开支，如学生服务办公室、学生就业办公室。在大多数非营利性大学，这些收入一般要占到预算开支的25%。㉜

假如营利性大学讲求的是企业更高水平的责任制和高效性，也许有人会认为营利性大学的一般行政开支会少一些。这种想法实际上倒没错。阿波罗教育公司在1998年财政年度中，总行政开支只占了总开支的9.8%，德夫里公司占了13.4%，教育管理公司占了22.3%，斯特拉耶教育公司占了14.4%。㉝这是一个成本遏制领域，营利性大学已经能够使其从意义上、字面上资本化了。这些高校中的行政管理级别比非营利性大学的行政管理级别精简。在这种环境中，行政工作人员包括院长的工作都受到了非常严密的监控，所有管理人员都要对他们的工作结果负责。这些高校的宗旨有限，而且高度集中，这种有限和高度集中意味着行政人员的工作也更为集中。

除了学生课堂教育以及实验室教育，营利性大学对和学生教育没有直接关系的课程和活动几乎不花什么经费。例如，大多数营利性大学没有学生公寓，没有运动队，原因是他们不想从这些活动中获取收入，所以也不想承担这些费用。

营利性大学的预算开支和非营利性大学的预算开支相比，还有一个明显的不同：交税。阿波罗集团公司、德夫里公司、教育管理公司、阿格西教育集团、斯特拉耶教育公司都要把税前40%左右的收入用于纳税。非营利性大学不需要纳税，因而他们的预算中也没有这笔费用。

除了一般行政管理费用和纳税开支外，营利性大学和非营利性大学的预算开支就没有什么大的不同了。两种高校最基本的区别也许在于高校资金来源的处理方式，这在主要营利性大学的财务业绩中可以看出一些。

第十六节 营利性大学的财务业绩

作为新近发现的、分析家们称作知识型经济的领域,营利性高等教育公司不仅吸引了几十亿的私人投资资本,它们的教学质量也有了显著提高,这从它们达到地方和专业认证机构的标准可以看出。正如前面提到的,在 20 世纪 90 年代后 5 年,营利性教育公司通过 40 次证券首次公开销售和同样多次的追加销售,融资的股本已经超过了 48 亿美元。[34]这样非凡的投资活动水平证明了美国公众对私营教育观念的改变,也证明了这些公司富有吸引力的财政业绩。华尔街投资公司的教育公司投资一直处于牛市,这鼓舞了投资者们把教育投资归到投资档案的标准产业类别中。很多投资分析者们和产业观察家预测,至少在未来的十年中,公众教育投资资金还会不断流入私营教育企业。[35]

5 家最大的营利性高等教育公司的财务业绩的一个重要指示器是它们用多长时间能够实现新建或者收购的新分校的盈利。它们每一个公司,尤其是阿波罗集团公司、斯特拉耶教育公司、德夫里公司,每年都在建新分校。德夫里公司的计划是在未来 10 年中,每年要增加 2~3 个新分校,每个分校都要达到德夫里公司的基本建校规模,即面积达到 12 万 5 千平方英尺,能容纳 3 600 百名学生。阿波罗集团公司的计划更具闯劲,新分校一旦启动,每年就要至少保持 30% 的收入增长速度。[36]这两家公司的新分校运行的头三四个学期是负债经营,在运行的第二年,德夫里公司的新分校就可以盈利了。阿波罗集团公司最近已经把盈利时间控制到不到一年。[37]

前面的表 4.1 总结了 5 家最大的高等教育公司的财务业绩量表。这 5 家公司加在一起,代表了大约 275 所分校,这些分校的在校学生人数为 225 000 人。它们加在一起,每年的分校数量和学生数量都以接近 20% 的速度增长着。

看待这些公司的财政业绩有几种方式，所有的方式都表明它们的财务状况呈健康状态，以后还有可能增长。一个简单的量表是表格第一栏中的5年股票业绩记录。这些公司股票价格的升值情况给人留下了深刻印象，也表明了这些公司的利润情况和股民对营利性高等教育未来发展的信心。第二栏和第三栏中P/E（价格/收入）比率和P/E/G（价格/收入/增长）比率也是说明这些公司财务健康的最好指示器。第四栏中的5年估计增长值表明了每年估计增长值，它的幅度在20%～30%之间，这个情况非常出色。

大多数著名营利性大学的财务业绩和财务责任的另一个指数是第五栏中学生贷款的违约率。这些百分数达到或低于全国所有学校贷款违约率的平均数17%。[38]在20世纪70年代中期，私营性学校学生贷款的违约率有一段时间比这个比率更高，大约在25%—30%之间。为此，非营利性大学的支持者严厉批评了私营性学校学生贷款违约率过高，有的人甚至提出不应该给营利性大学的学生申请联邦学生赞助贷款服务。教育部对此事进行了研究，结果发现高违约率不是这些学校的过错，而是和学生的社会经济状况相关，尤其是与学生的种族、家庭收入以及低工资情况有关。一项研究得出这样的结论：把绝对违约率作为学生申请教育资助贷款的一个条件会处罚这样一些学校，即招收少数民族学生、贫困学生、参加就业工资较低课程学习的学生的学校。[39]表4.2中的相对低的贷款违约率表明，主要营利性大学已经找出解决学生贷款违约率高的途径。他们向学生和贷款者提供较好的教育服务，并且密切关注学生借贷情况。尽管这样，美国约7 000所私营性学校中还有一些学校继续保持着较高的贷款违约率，这和那些黑人学院和社区学院一样，为了发展需要，招收较高比例的贫困黑人学生。

毕业生就业率是营利性大学中财务业绩的另一个指数。如前面指出的那样，就业率推动着整个企业的发展，它保证了市场需求，也保证了招生人数的不断扩大。在德夫里公司、教育管理公司、阿格西教育集团，10多年来，学生就业率达到或者接近90%，其他很多私营性高校的就业率也非常出色。

虽然营利性大学就业率不错,然而,较高的就业率也引起了人们一些疑问,主要的疑问是,这些高校是真的为学生提供高等教育服务还是只是为学生提供就业培训。这个问题将在下一章中讨论。

第五章

营利性大学的学术文化

第一节　从学生身上谋取利润

在新泽西州最近举行的一次公开听证会上，一所营利性大学提议要开设一门新学位课程，一个来自非营利性大学的校长公开向那所营利性大学的校长发难：能否告诉我，你们从学生身上赚取了多少利润？

这席话揭示了传统教育人士的担心：营利性大学正在对高等教育和学生做出一些伤害。这席话还揭示了这样的一个困惑：营利性大学在不断成长和迅猛发展着，每次都在获得一定的市场份额，而一些非营利性大学却在艰难地生存。很可能，营利性大学所取得的一切至少有一部分是以教师的利益为代价的——教师没有终身制，也没有什么学术自由。然而，认为营利性大学的利润是从学生身上榨取这席话揭示了人们对营利性大学一直以来持有的看法，这个看法基于乔纳森·菲弗（Jonathan Fife）在1990年的ASHE-ERIC私营学校研究的前言中所说的"表面印象和一般误解"[①]在营利性大学生活过和工作过的人都强烈地意识到这种看法来自传统学校的部分同仁。

如第三章中我们看到的那样，自从殖民时期以来，很多传统教育人士对美国营利性教育企业持怀疑态度。承诺过多的招生宣传、根据经济能力的入学标准、过度简化学科内容的教学大纲，都加剧了人们的怀疑。毫无疑问，对私营学校的一些批评确实存在。1900年，教育历史学家埃德蒙德·詹姆斯写道：营利性学校包括了美国性格的所有缺点和优点。②

今天，"私营性"——这个指所有者所有权的很无辜的词——还有一个贬义，它和不可信任的函授学校以及纸板火柴封面的推销广告联系在一起。人们认为追求利润的动机——对产品或提供的服务收取高出成本价的价钱——基本上和教育宗旨无法相容。1938年，新成立的全国教育协会的官员说："如果学校是以私营为基础，只是为了获得利润，那么教育体系中就没有它们的位置。"③

特别是当靠税收作为资助的那些学校在艰难地保持收支平衡时，营利性学校如果还在赚取利润，人们一般就会认为它们之所以能获得利润，一定是靠削减一些不该削减的东西，靠愚弄信任它们的学生，使他们相信在学校能得到他们缺乏的东西。1938年，赫伯特·托恩（Herbert Tonne）在回应全国教育协会指控营利性大学的一篇文章中写道："教育哲学家似乎已经得出结论说任何产生利润的建设性工作本身都带有邪恶的成分。"④很显然，直到现在，这个结论还存在于很多传统教育人士心中。

相反，商业人士却相信利润动机，他们通常一下子就能明白营利性大学的所作所为。很多商业领导对非营利性大学内部工作困惑不解，在他们看来，那些工作毫无意义。图雷恩大学校长、原商业学院院长、会计学博士斯科特·科文（Scott Cowen）说："大多数非营利性大学的组织形式和操作方式都不符合逻辑和常理。"⑤任何和非营利性大学的理事工作过的人都非常清楚，有很多理事了解起传统教育机构文化都很费力气。

对营利性大学的理解涉及两件事：了解其学术文化，也要了解其管理文化。除非在营利性大学生活过、工作过，否则是无法从传统高等教育角度来理解这种文化的。营利性高等教育领域非常独特，它融合了美国资本主义的优点和教育机构服务社会的利他主义特点。对于那些从没有涉足营利性大学的读者，我愿意从一个过来人的角度（对几所非营利性大学非常熟悉）引领大家领略一下在营利性大学生活和工作的感受。营利性大学有一些独特的文化特点,如商业管理与学术宗旨的融合,权力由教师逐渐向学生转移,教师没有终身制及其对学术自由的影响。

直到最近,也没有几个教育人士能跨越非营利性和营利性高等教育的界限。有关教育机构文化的文献很少提到营利性大学,它们试图对学术领域的机构文化进行分类,如伯格奎斯特(W. H. Bergquest)的《高等教育的四种文化》(Four Cultures of the Academy)这本书中,就没有提及营利性大学。⑥

简单地说,机构文化是一种人为产品,它包括共同的价值观、态度、优势、成员活动,尤其是领导人的活动。这种文化尤其体现在机构中人与人的关系性质上。在拉丁语中,"文化"的意思为耕耘,这个意思很好地把握了机构文化动态变化的性质。

第二节 文化钢丝绳:平衡商业和学术

如我所说的那样,营利性大学是融合了企业和学术机构特点的独特的机构。从课堂教学的水平来看,它们的行为和特征像传统高校,当你走到营利性大学的机构层面时,它们更像企业,而不怎么像学术机构。与其说营利性大学的校长像学术领导,还不如说他们像传统的首席执行官。他们的主要精力用在筹划上,在制定和执行机构策略上,尤其是在资源和运作的管理上。

营利性大学的管理文化显然相当保守。尽管在市场上素有富于闯劲的美名,营利性大学通常还是以简单、靠得住的管理方法作为他们的管理特点。因为高等教育是美国仅有的几个没有经历产业革命的产业,是美国最后采用现代管理原则的大产业,简单管理方法对运作效率和利润有很大的影响。⑦美国当代成功的营利性大学,包括以大公司结构出现的阿波罗集团公司、德夫里公司、教育管理公司、斯特拉耶教育公司、阿格西教育集团,都按照最基本的管理惯例运作,如目标管理、密切监督、不断增加预算、陆续开设课程、总部对各地分校倍加关注。

　　这些机构的管理人员和工作人员发现这些机构过分强调细节。每学期对影响商务的所有学术操作,从教室使用到课程成绩分布,都要做准确的记载。学生财政援助方面也做了细致入微的记录,在这个方面,营利性大学尽量做到无可指责。注重细节是营利性大学适应高等教育产业需要的又一个方面,在这个产业中,人们通常忽略细节。

　　营利性大学的双重性质——既是商业机构也是学术机构——是它们的一个显著特点。图5.1说明了在营利性大学和非营利性大学中,平衡商业文化和学术文化方式的不同。在营利性大学中,在董事会、校长、教务长、院长层面上,主导文化是商业,他们用商业术语来描述机构活动、讨论各种倡议、评估各种结果。在非营利性大学中,在这些层面上的对话通常较多地集中在学术文化上,集中在商业文化上的不多。非营利性大学的院长、教务长、校长通常用学术术语描述和评估学校的各种活动。当然,在一定程度上,这两种文化互相交织,区别并不总是那么明显。同样,多年来,非营利性大学在学术方面使用的商业术语一直在不断增加,尤其是营销方面。总之,图5.1所说的营利性大学和非营利性大学的区别是存在的,它反映了营利性大学和非营利性大学内部不同的优先权和不同的价值层面,这在第一章中也论述过。

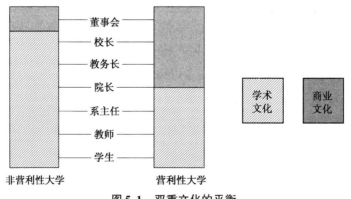

图5.1　双重文化的平衡

　　例如,上市公司所有的营利性大学最大的一个优先权就可以用市场份额的增长来描述。只要市场份额增加，企业的财务健康就得以保证，进而学术质量就可以从财务上得到保护。相反，非营利性大学最大的一个优先权可以用学术声誉的安全和学术声誉的扩大来描述，因为这能够保证高校继续保持它在传统学术界的合法地位，也能够保证高校不但能继续吸引学生和老师，还能吸引捐赠款。

在课堂层面上，营利性大学遵循一般学术机构的要求。如果一觉睡醒，发现自己在营利性大学的教室里，很可能根本区分不出它和传统高校课堂有什么不同。它的环境、实际空间、学生和老师的行为根本就没有什么特殊的地方。很多营利性大学，尤其是那些开设高新技术学位课程的高校，如通信、信息系统、电子学、卫生保健，每年通常对教学技术设备投入了大量的资金，因此，这些学校的教室和实验室里有很多新计算机。即使这样，还不足以把它和那些得到很好资助的非营利性公立高校区别开来。假如在教室睡醒后，发现上的是普通教育课程——例如，基础心理学课程——你也无法区别这是营利性大学还是非营利性大学的课堂。

如果营利性大学的教室还有什么令人印象深刻的地方，可能就是它比一般传统高校的教室干净。桌椅摆得整整齐齐，地上没有什么垃圾。抬眼看看窗外，可以看到不大的操场和很大的停车场，同样都很干净，维护得很好。在营利性大学里，草坪总是修剪平整，积雪被及时清理，棕榈叶修剪整齐，厕所打扫得很干净，因为这些都是公司文化。作为服务产业企业，大多数营利性大学都很注意设施的维护，以及操场和建筑的保护。即使在亏损运行的情况下，大多数营利性大学也不会懈怠设施的建设和维护。

如果一觉醒来，发现自己在营利性大学的教师会上，可能会看出一些差别来：几乎是全体准时出席，他们可能互相都认识，因为他们在同一幢教学楼上课，也可能会有几个新面孔，但是熟人还是多数。一般情况下，至少有一半以上的专职教师已经在此工作5年或者5年以上，这些人中又有一半在此工作了10年或者10年以上。

在营利性大学中，教师与教师之间相处好像要比传统高校教师间相处显得更礼貌、矜持。在这样的工作环境中，没有终身制，年终考评以实绩为主，教师们来不来这里上班很自由。除了有些教师不能被开除外，他们一般不受到什么工作保护，他们要按照老板的意愿工作。教师级别从讲师到正教授（一些营利性大学还设了第五个级别——高级教授），高级教师一般不评估低级教师的晋升工作。因此，教师级别通常对营利性大学同事之间的关系没有什么影响。

营利性大学的教学大纲主要由专业课程专家集中制定，教师对于教学大纲、学分、学校课程开发方向等问题没有什么发言权。尽管这样，人们还是能看到营利性大学中教师对学科事务、学生事务生动的交流，能听到关于教学法的热烈讨论。教学交流很可能反映了对这样一些比较复杂层面的思考：教师的职责，课堂的把握，如何和当代学生交流。营利性大学的大多数教师每个学期都要教三到四门课，除此以外，有的教师还要教一到二门实验课。大多数营利性大学专职教师的标准周工作量相当于传统高校的12个学时，有的教师工作量甚至达到15个学时，而有的只有6个学时。有的教师因为参与了行政工作，或者是参与了教学大纲开发项目，或者是在写博士论文，他们的工作量就减少一些，大多数教师一周要上课四天。教学节奏一般不停：因为一年到头——白班、晚班、周末班——都在开班，一年通常有三个学期，每个学期15周，每个学期间通常只有一两周的间歇时间。

教师之间进行科研和学术交流相对少一些，因为这些领域在营利性大学中只处于次要地位或者根本就不存在。有些教师会做学问，因为他们接受的教育就是要做学问的，做学问是教育者和思想者的职责。有些教师还在攻读博士学位，有的已经在做博士学位论文，有的在修博士学位课程，他们可以报销学费，还可以减少教学工作量。几乎所有的教师，包括教基础课程的一些专业人士，都有重要的专业经验，有几个教师已经有20年的工作经验。很多教师曾经在传统高校工作多年，有些教师的离去对传统高校的教务部门和学校晋升与终身制委员会是个损失。有的教师马上就可以轮休了，一些营利性大学对教师的职业发展轮休制度做了一些投入，其中，每隔5年，教师可以轮休一次，学校为其提供不菲的旅游经费，对教学技术提供特别的经费，还实行教师教学时间储存制度，当储存一定的教学时数后，教师可以提取它们即一学期不用上课。

再看看组织层次,如果是院长委员会成员,很快就会发现这不是传统高校的院长委员会。委员会的工作重心是讨论各种数字:学生课程学习的保持率、完成率、成绩分布、各门课程不及格率等等。当然,如对新课程建议和课程开发建议的这种讨论,在非营利性大学明显增多。也许这方面的最大差别在于除了使用我们更为熟悉的那些词汇如"教育"、"学习团体"外,还有这样一些词汇的使用如"产品组合"、"销售"等。

第三节 院长的枢纽作用

院长层次是最容易感受到商业和学术之间有区别的、动态的紧张状态。阿格西教育集团公司下属的美国职业心理学校芝加哥分校的教师、原院长艾里·舒瓦茨(Eli Schwartz)说:"院长是联系商业和学术的桥梁。"[⑧]这种桥梁作用在大多数也许是全部营利性大学都确实存在。院长职责的一部分是学术领导,一部分是商务管理者,工作重点通常放在后者。人们会注意到他们之间高度的团队合作精神,更为重要的是,他们之间并不互相争夺各种资源。营利性大学每年商谈一次资源配置问题,资源配置一般严格按照商业方面的需要来进行。例如,增加教师人数根据的是已有的招生人数的增长和学生对课程的需求,而不是根据基于学术或者学科的各种讨论。政治地位和地盘争斗不是这种环境下的院长的工作本质。他们最大的挑战是能够找到商业领导和学术管理者的双重作用的正确平衡点,他们的商业管理者角色主要负责做出各种数据,尤其是学生课程学习的保持率和完成率等方面的数据。

表5.1比较了营利性大学院长和非营利性大学院长的一些角色。例如,在非营利性大学,院长一般把大部分精力放在代表教师、高层管理者以及外界利益和事务上,尤其是可能捐资者身上。在这些场合,院长是教师的代言人,代表了教师的共同意见。相反,营利性大学院长更关注的是对教师工作的监督(后面将会更充分地讨论

这个概念)。与此相似,非营利性大学院长一般相互之间要竞争用于维护课程和扩大课程的财务援助资金,而营利性大学院长的工作重心则放在已经分配到用于启动新课程的筹备资金的执行上。对于后者,营利性大学院长的挑战不是确保分配到合理份额的资金,而是把已经分配到的资金进行有效使用。此外,非营利性大学院长通常关心的是保护地盘,而营利性大学院长更为关心的是如何处理他们面临的各种挑战。最后一点,营利性大学院长需要不断提供有关学生学习成绩和满意程度的测算数据,因为这两者对企业健康发展和学术质量最终保证都很重要。

表5.1 营利性大学院长和非营利性大学院长的角色

非营利性大学	营利性大学
代表教师对学校内部和学校外部的利益	监督教师工作
支持现有课程	管理新课程的启动
保护地盘	处理快速的变化
对新资源的配置提供解释	测算学生成绩和学生满意程度

当然,这些区分并不是绝对的,各个高校间还会有不同的区别。总的说来,非营利性大学院长扮演的是提倡者、策略家、政治家的角色,营利性大学院长扮演的却是处理企业商业和学术之间动态紧张关系的学术管理者角色。

作为营利性大学的主要学术官员,我经常发现自己处于这种紧张状态之中,有人称之为冲突。和所有的学术领导一样,人们期望我代表并捍卫教学价值观、学习价值观,至少,也要代表学术科研。我作为高等学术水平和优秀教学的拉拉队队长,人们期望我留意并促进课堂的创新和变革。此外,我还作为商务管理者,负责各种商务成果的数据报告,如保证学生课程学习保持率和完成率的不断提高,还要使班级达到普通班级规模,甚至还要保证不同教师在教同一门课程时,成绩分布要保持一致性。人们还期望我对几个重要业绩指数做出准确预测,期望我定期汇报各个业绩目标的完成情况。在最后关头,和企业中任何一个管理者一样,我需要报告各种结果。如果我报告不了,在我的年度业绩考评中,就会说我业绩很差。

第四节　高层中的学术声音

对与我一样来自传统高校的人来说，在营利性大学工作的一个特别挑战是面对这样一种情况，即高校高级管理者——通常是校长——基本上是商务管理者，而不是学术领导。特别是在那些拥有并经营多个分校的上市公司中，这种情况尤为常见。它们的首要责任是处理盈亏底线——带来纯利润的基本数据。在公司水平上，各个分校的副校长以及其他一些高级执行官都是商人，而不是学者。

结果，这些公司的高层中就没有学术声音，即使有，也只是一些微弱的声音。这和传统大学与它们的理事委员会的关系没有什么两样，在大多数情况下，那些理事委员会都是由商人组成，他们自己就缺乏一种背景知识，去理解复杂的学术决策过程，他们偶尔听到的只是一些学术牢骚而已。我认为，和营利性大学的差别是，我们可以对付他们，或者在一定程度上威胁他们，控制他们，或者哄着他们。当上司是纯粹的商人，他们没有博士学位，只是用非常实用、非常直接的方法来监督专业教师和专业学者的工作时，这就把学校内学术对话的本质改变了。

例如，在营利性大学中，关于教学有效性的讨论基本上就变为关于成绩分布、不及格率、退学率、学生进入下一个水平课程学习情况的讨论，而不是关于如何使学生具有批判性思维的教学讨论。如果这些比较通俗的尺度说明了管理认为能接受的结果，那么讨论就会进入教学、教育更具哲学性和学科性的一些问题上。有关课程大纲的讨论首先迎合的是如何把课程安排得适合学生完成课程。这些学科性问题——即学生在考虑宏观经济前应该考虑微观经济，在考虑操作前应该考虑财务问题——都是根据哪些方面能保证学生成功地学完课程为出发点，而不是根据这些学科是否适合学生和符合教育传统为出发点。营利性大学的学术对话性质的这些变化，在很大程度上是因为商业方面掌握着学校大权。

把上市教育公司的这个缺点——管理高层缺乏学术声音——作为例证，这非常具有诱惑力，这个缺点最终会导致公司对学术标准极不尊重。其实，在1992年，高校中北部协会对德夫里公司进行10年期的考察时，就指出要对其进行重新认证，重点考察时间为5年。在1992年高校中北部协会报告中，其中有一个问题就是关于德夫里公司缺乏把学术观点融合到机构中去的能力。在德夫里公司工作期间，我也偶尔抱怨过它的高层缺乏学术观点，可是后来我逐渐认识到商业和学术之间的这种紧张关系和偶尔冲突关系可能是一种健康的动态的关系。这种紧张关系能保护企业的财政健康发展。在任何学校，财政健康对保持学术质量都很重要。我在公立高校、私立高校、文科院校做了20年的院长后，很清楚传统高校模式中也存在严重的弱点，在传统高校中，管理高层的学术观点是显而易见的。我为那些校长和教务长工作过，他们对学术工作和学科说得头头是道，但是他们却不是好的管理者和高效率的领导者。据我所知，传统学术文化非常强调合作观和共识观，及时决策的重要性往往都归结到次要方面。即使是以建立投资者之间对话为名义的活动，活动重点也常常从直接做出决定转变为解决那些悬而未决的决定上，因为那些决定对学术团体中代表最大学术声音的阶层来说一点都不麻烦。其实，教师通常害怕蔑视那些有决策权、决定权的校长和教务长。非营利性大学文化有助于领导培养随和的社交能力，有助于他们学会妥协，但是不见得有助于他们在提高教学和促进机构未来发展方面做出明确的决定。

营利性大学和非营利性大学都非常关心学术质量和良好的盈亏底线。区别在于营利性大学会根据急剧变化的学术和有利于商业事务之间的平衡关系来改变企业重心。营利性大学校长首先是商务执行者，他能够控制各项管理工作，并且每天能够做出一些决定。

在营利性大学，教师是高校学术生活的中心，但却不经营高校，也不掌握高校的大部分权力，他们只是营利性大学中吃苦耐劳的熟练工，要完成学校交给的教学任务。虽然他们参与教学大纲的开发，但是对大纲开发没有决定权。他们也不直接参与招生工作，因为这些部门都聘有市场营销和销售方面的专业人士来全权处理各项事务。

第五节 作为课程传授人的教师

从商业方面来看,在营利性大学中教师的真正价值是传授人,即课程的讲授者。在大多数营利性大学,传授模式基本上是课堂授课形式,也夹杂少许远程授课形式。即使在被误认为是实行网络教育的菲尼克斯大学,1万学生中也只有不到7%的学生是通过远程教育获得学位。[9]与此相似,在德夫里公司、教育管理公司、斯特拉耶教育公司以及其他很多公司,远程教育只是作为学生提前学完课程的周末课程的补充教学手段,在这些课程中,主体教学还是传统的课堂教学。把营利性大学教师作为课程传授者的观点主要还是基于传统课堂教学模式。

建立分校时,这种观点尤其明显。建立的分校一般运用建立新工厂的方法,一位营利性大学的院长曾经说过:"他们(总部的执行官)有这样的想法,一旦教学设施到位,他们要做的事就是把一大批劳力(教师)运送过来,发给他们教材和课程指南,告诉他们教学规范,让他们开始教学就行。"[10]商业方面无法正确理解学术激情、学科专业知识以及钻研教材这些事情。在他们看来,教学只是一些最基本、最直接的活动,它涉及艺术地展现教材内容,重复重要概念,通过考试和评分来巩固所学知识,商业方面认为这些活动就是教师的基本工作范畴。当涉及到影响营利性大学的一些决策问题时,教师就不是行家了,他们的意见和权限也就非常有限。

其实,如果有教师提出需要资源,他们不仅要说出这些资源对学生的价值,也要展示它们合理的商业革新价值。按照商业术语指导学术观点的原则从根本上改变了学术环境下的对话本质。如果对整个机构福利方面——如财政健康和学术质量方面——突然有什么重大要求,对事情"应该如此"的强烈情感并不能构成决策或者严肃对话的基础。例如,如果有教师强烈要求小班授课,那么这种激情背后必须有合理的论点,以及一些强有力的证据说明为什么小班授课是很好的商务决策。如果说小班上课能收到较好的教学效果，能使学生的保持率达到较好的水平，那么必须提供支持这个论点的证据来。当然，在教师会上，或者在教师委员会上，教师可以自由详细地对这些问题进行辩论。任何一个有关变化的正式提议，在得到商业方面认真考虑之前，都要有商业语言和商业文化方面站得住脚的理由。

营利性大学对商业方面倾斜还可以从教师缺乏终身制方面明显体现出来。这个基本差别值得仔细研究，因为教师缺乏终身制是营利性大学文化和非营利性大学文化的根本区别。

第六节 没有终身制的教学工作

由于没有终身制度，营利性大学就能够处理詹姆斯·科尔曼（James Coleman）所说的传统高校的基本结构错误：教师有社团成员的任何权利，而不受社团标准的束缚；他们享有公司职员的所有权利，如工资保障、工作福利，但却不需要履行为了公司的利益牺牲他们的时间、自由的义务。[11]没有了终身制，教师就成了可以开除的专业员工，这对高校的雇佣灵活性显然有好处，但是这也自然引起了人们对在这样的环境中工作的教师的工作生活质量的质疑。

虽然没有终身制，营利性大学的很多教师发现在这样的公司制的环境下工作还是有一些明显的自由。我采访过的来自阿格西教育集团、斯特拉耶教育公司、德夫里公司、教育管理公司等公司的很多教师说，他们感觉和在传统高校任教时享有的学术自由没什么两样，有几位教师甚至说他们现在享有的学术自由比在传统高校享有的还要多。有几个教师评价了授课的自由，这种自由似乎来自学校侧重的是教学，而不是科研。他们说，营利性大学教学的首要任务是不仅要做到"政治正确"，而且还要符合现实。有的教师还指出他们免除了来自其他教师的压力，即用某些特定方法来讲课的压力。由于营利性大学的经营者是商人，他们一般不太懂得教学工作和复杂的课堂教学，一些有创新意识的教师可以相当自由地塑造学术文化。一个来自营利性大学、有文学博士学位、从事基础教学工作的教师说："我们可以成立别人从未听说过的委员会，可以推荐开设一些特别的选修课程和优等生课程，可以推动学校雇佣我们想要雇佣的人，从事我们认为合适的科研，享受学术以外的生活。"我采访的一些教师还强调说他们可以向同事征求见解和获得支持，而不必担心他们是自己的竞争对手。一位教师说："我们可以按照自己喜欢的方向发展，而这在传统高校就办不到，因为在那样的环境中，我们得为终身制、终身制后的评估以及晋升而奋斗。"[12]

终身制的主要目的是为了保护学术自由：它依靠对言论自由和追求知识的学术活动提供保护的方式来为学术自由提供基础。终身制是对高校价值观的社会体系和级别提供界定的方式。它把教师放在一起，给他们一些特权地位。这种特权社会地位受到具有高度尊重精神的社会的认可，一般来说，它们对文明社会的教学、科研、学习等活动有重大作用。

对终身制抨击最大的是那些业外人士——记者、立法者、商业领导和公民领导——也许他们理解不了业内人士所能理解的高等教育的独特传统和独特本质。他们的观点很容易被当做不准确的、具有误导性质的观点剔除。可是近年来，要求废除终身制的最强烈的呼声来自业内人士。要践踏这片神圣的土地，这些诋毁者通常都注意措辞，例如他们会说："终身制这个主意绝对很棒，但是它就是不太适合现在的高教系统。"例如政治学者、前州立大学校长、全国州立大学和赠地大学学会负责人彼得·马格拉斯（Peter Magrath）就是传统高校中这样的一个诋毁者，他承认终身制"已经成为阻碍高等教育发展的一个问题，它对高等教育的发展已经没有什么作用了"。[13]马格拉斯认为终身制已经成为美国整个高等教育全面健康发展的障碍，而不是推动力量。

其他的一些业内人士也开始认同这个观点，其中包括一些经验丰富的人，他们的这些经验使得我们很难把他们的观点视为受到误导的观点而加以抛弃。例如，哈佛大学教育学院的理查德·海特（Richard Chait）多年来一直担任哈佛大学著名的教育管理学院的行政官员，这个学院一直在做高校新任领导的暑期培训课程。在慈善信托公司（Pew Charitable Trust）一百万美元赠款的资助下，海特和同事们正在完成教师终身制及其替代形式的研究。研究的结论似乎是这样的：当前的终身制有很多缺陷，而且越来越多的教师认为应该废除终身制。⑭

研究终身制，对其进行调查，对其概念进行历史和哲学的分析是一回事，不使用终身制而把高校经营得很成功又是另一回事。营利性大学没有终身制，但是却在快速发展壮大，这让很多想维持终身制的人烦恼不已。从追求学术宗旨的狭义范畴来说，营利性大学和非营利性大学显然不同，然而，这也说明了学术界没有终身制照样可以成功运行。取消终身制意味着取消了传统高校的一个主要的学术斗争源头，还意味着取消了缺乏责任的一个源头。

我很高兴在德夫里公司做院长工作时再也不用跟终身制打交道。没有终身制意味着我能把教师看做我的工作同事，也能让教师对他们所做的工作负责，还意味着我这样做能获得他们的尊重。在传统高校做了多年管理工作，对很多事情常常感到无能为力，而在营利性大学却能把不称职的教师及时惩处，那种痛快淋漓的感觉，简直令人难以置信。这种对表现不好的教师的管理干预并没有违背学术自由，实际上增强了全体教师对其教学领导的信心，这种行政处理受到了教师和职业人士的尊重。

例如，不久前，我就在学期中间开除了一名教师，开除他的方法是让他休病假。原因是他班级的学生投诉他，说他上课经常讲一些与上课内容无关的私事，常常讲很长时间。教务主任听了他的两次课后，认为这名教师上课很难围绕上课内容授课，有时候甚至抓不住讲课重点。他的两名同事，还有他同一办公室的工作人员也到我办公室反映情况，他们对他表示关切，说他最近越来越烦躁，也越来越孤僻。另外，他的一名女同事也受到了他的冒犯，因为他当着她学生的面对她明显地进行言语调戏。我很清楚我负责的这个团体对这种情况越来越表示忧虑。

刚开始找他谈话时，我非常小心，尽量把事情说得直截了当，但是又不带责备语气。他的第一反应是为自己辩护，否认自己有什么问题,还说他认为教务主任根本没有必要听他的课,他对听课非常愤慨。可是在第二天,我们又在我的办公室见面时,他似乎平静多了,也好相处了。他说他目前正处于一个困难时期,一直在吃各种药来治疗情绪问题。当我表示理解时,他就打开了话匣子,说了很多,还让我跟他的精神病医师联系,后来我和他的医师通了电话,医师证实了他的话,说对他的情绪问题,一直找不到合适的药,也开不出合适的剂量。在我的请求下,他给我发了份传真。一天后,在他上课前,我决定给他开病假,安排别的老师接替他的课。

在做出决定前,除了和人力资源主任以及校长交换过意见外,我没有跟其他任何人商谈过这件事。学生们对我们的处理非常满意。其他教师都表示感激,因为这件事处理得很快,又没有大张旗鼓。后来,这位老师写信给我说能暂时离开课堂,对他来说是很大的解脱。

我认为这件事的不同凡响之处就在于,那位教师起初的抵制,并没有阻碍我们做出有效决策的进程。在传统高校的终身制和期限制的环境下,这种处理结果是不可能发生的,因为那种环境不利于采取快速行动。

必须指出,终身制的一个后果就是为那些不需要保护的人提供保护措施。那些优秀教师——有天赋、有思想、有才干、全身心搞好教学的教师——并不需要终身制提供的工作保障。终身制并不能使他们有才干或使他们获得成功,因为他们不管怎么样都会显露才干,获得成功。而那些不合格的教师——不喜欢学生,对单位不忠心耿耿,对学术很少有什么建树——才是终身制需要保护的对象。虽然他们在终身制教师队伍中没有多少,但是每个学校都有这样的人,而且他们常常会给整个企业带来不良的影响。

营利性大学雇佣惯例意识到这样的情况:个人行为在很长一段时间内会以不同的方式发生变化,就像机构也会发生变化一样。这是所有职业的雇佣实际情况,高等教育行业也不例外。这种变化不是什么坏事,是不可避免地存在的,而且常常还非常棘手。棘手是因为一些人对学校的价值不像他们 10 年前或者 20 年前那样重要。他们疲倦了,精力也用完了,变得懒散、乖戾了。由于学校的生源情况的变化和经济情况的变化，学校的工作日程有所改变，操作规范也会有所改变。多年前，刚被雇佣的教师面临的是学术才能、职业范围、教学技术运用、优秀教学组成的一些新规则，而如今，教学内容、教学技术、知识结构都已经发生了变化。

值得称颂的是，很多教师都能适应这些挑战，适应时代潮流的要求。然而，几乎在每个有终身制的学校，还是有些教师躲在多年前获得的终身制的庇护伞下，不愿意接受威胁他们现状的变化，他们这样做妨碍了学校有效适应变化要求的能力，也抑制了学校的变革和创新，一些课程已经成为学术坟墓。有效适应学生不断变化的需要和需求，适应毕业生雇主的要求，适应课程自身变化的要求，对当今的高校来说势在必行。

终身制的优越地位有时已经被很多职业人士、院长、教务长以及校长滥用，他们这些人对受到周围人的欢迎比对做出艰难正确的决定更感兴趣。终身制的缺点也是因为这些官员没有首先处理好这一体制而造成的。

必须指出，终身制有时也被用做剥夺非终身制教师的学术自由的工具，尤其是那些初级教师。因为有终身制的老师在终身制授予过程中有很大的控制权，那些初级教师经常卷入部门的勾心斗角、高级教师间的宿怨以及与终身制候选人价值毫无关系的地盘斗争中。伦纳德·戴维斯（Lennard Davis）在他的题为《学术界恐怖和嫉妒的运用》（*The Uses of Fear and Envy in Academe*）的文章中写道："学术界谋杀现象不多，这是一大幸事，但是同事间背后下刀子的事不时发生，使雅各宾悲剧都显得相形见绌。"⑮他的话影射的是几年前牛津大学指导教师采取行动杀害他的对头老师——这是学术界作为混乱可怕的地方，而不是象牙塔的一个极端例子。初级教师有时成为一些罪行的牺牲品，不论这些罪行是真是假。

一些评论人士希望能找出这些问题的根源，他们指出终身制真正的问题在于最初所做的雇佣决策不好——也就是心术不正的教师成了终身制申请者遴选委员会的成员，他们选择那些对自己的学术不会有什么威胁的、能力较差的人来享有终身制资格。⑯审查工作申请人的过程——尤其是这个过程由一个有既得利益的委员会来处理时——可能会具有不完善性和主观性。有意思的是，本书中所列举的营利性大学使用遴选委员会来充实教师职位。在营利性大学，情况相反，院长和那些申请人见面，有时还听取不少别人的意见，有时谁的意见也不征求。有的申请者在面试过程中表现不错，表面上看似乎非常合适，可是过了一段时间后，却发现情况并不如此——他们的雇佣决策失误。也有的申请者在聘任时受到了遴选委员会一些成员的反对，但是过了一段时间后，却发现雇佣他们是英明的决策。这些很可能是雇佣过程的失误，而不是终身制的失误，因为终身制的基本目的似乎是保护学术自由。

第七节 学术自由的意义

在美国，学术自由从一开始就受到了争议。在 1915 年，高级教师委员会成立了美国大学教师协会（AAUP），这个委员会第一次以官方身份提出了学术自由和美国教师终身制的声明。《纽约时报》的一篇社论对此作出了反应，社论指出："学术自由犯下了很多罪行。"社论进一步认为："言论自由总是代表无政府主义煽动者的利益。"它斥责这些教师们在"鼓吹懒惰教义"，希望他们建立自己的大学，"提供资金，建起教室，规划校园，然后为教师申请建造那种墙四周设置软垫的疯人院病室"。[17]

即使在学术界内部，有些观察家也告诫过设立终身制的危险性——"以学术自由为名，达到谋取他们私人特殊学术利益的目的"，也谈论过"那些平庸的教师对重要教育问题提出疑义是多么的不合适"。[18]

尽管几十年来争议不断，学术自由原则在当今高等教育产业的功能和结构中已经根深蒂固，营利性大学也不例外。教师可以自由搞科研，自由出版研究成果，而不用接受学校审查或者是受到一些不合适的政策约束和思想约束。联邦政府和州政府对学术自由没有什么限制。学术自由的监督机构——美国大学教师协会，几乎就没有发现什么大学有违反学术自由的事情发生。[19]

那么"学术自由"的确切含义到底是什么呢？对此说法不一：有的说它是追求真理的自由，有的说它是在课堂上讨论任何话题的自由，有的说它是对任何话题进行质疑的自由。这就是说可以自由地从事这些事情，而不用害怕受到各级官员、理事、政府机构等的审查、惩罚、阻碍。我认为所有这些都是狡猾的理由。

我们回过头来看看1940美国大学教师协会和美国高校协会联合发布的《学术自由和终身制原则声明》（Statement of Principles on Academic Freedom and Tenure），就可以得到比较清楚的学术自由概念。1940年的声明赋予了教师几个自由，但是每个自由都附带了一些告诫和责任。例如：在允许教师从事科研和出版科研结果的自由时，前提条件是要求教师要完全履行好其他学术义务；在课堂上，他们可以自由"讨论话题，但是他们必须注意不要讨论与课堂话题无关的具有争议性的内容"；他们拥有公民的写作自由和言论自由权，但是作为学术界的代表，"他们的特殊地位要求他们有特殊的责任"；更为重要的是，他们"应该一直要遵守准确的原则，应该遵守得体要求的约束，应该尊重别人的观点"。[20]

这些声明似乎非常合理，实际上，差不多每个大学教师都确实享受了这些权利。那么营利性大学中教师的学术自由情况又怎样呢？

第八节 营利性大学的学术自由

美国学术自由的鼎盛时期应该是1960年至1980年那20年间。那时，麦卡锡主义只是一个痛苦的回忆，今天的种种对语言使用正确性的极端政治迫害那时还没有问世。在那段时间，大学课堂就像20世纪90年代的因特网一样，是言论自由的前沿阵地和堡垒。我的一个德夫里公司的同事，他曾在传统高校工作过多年，告诉我说，那段时间，可以使用各种F词（错词），可以赞成色情文学，可以使用"黑鬼"这样的词，可以在应该使用"他"或"她"（泛指的人称)的场合,只使用"他"来表达。作为教师,走进教室关上门后,在这片神圣的地方,可以畅所欲言。

现在的课堂就没有那样大的自由了。过度的政治惩戒和害怕冒犯别人引起了课堂语言的一些基本变化。如果想赞成某种有争议的行为,最好从修辞的角度来讲授,以辩论的外衣来遮掩。很多情况下,只有在那种场合,它才能受到学术自由的庇护。营利性大学的学术自由重心进一步改变,必须在属于自己的时间里悄悄地进行。

在营利性大学环境下,教师一般有老板——他们的院长,通常人们认为他们是教学管理者,负责监督教师的工作。相反,在传统高校,依靠过于烦琐的共同管理体制,教师一般都是自我管理,他们的工作一般不受到什么监督。传统高校的院长很少认为自己的主要工作是监督教师工作。其实,学术自由的一个基本意图就是保护教师不受任何人的监督。教会学校的传统是学术团体必须自治,它们的成员必须遵守团体制定的规章制度。然而,高校现在已经失去了这种共同体身份[21],这种身份丧失的一个结果是教师工作不受到监督。*

营利性大学环境下,所有这些情况都不同了。例如,在这样的环境下,学术资格只是教师工作资格的一个方面,与它同等重要的还有与其专业相关的丰富的实际工作经验,这对从事普通教育和技术教育的教师要求都一样。例如阿格西教育集团临床心理学博士课程的教师,不管他们是专职教师还是兼职教师,都要求有这个领域中大量连续的临床工作经验。这些临床环境下的培训和实践就涉及到很多监督工作,这些教师的工作由有关权威人士密切监督。这种临床经验在课堂上收到了较好的效果,学生可以如饥似渴地向有这方面经验的人学习;同时,它也提供了教师明白并接受这种情形的背景,即作为教师,他们的工作是受到监督的。

"受到监督"这个词并不是指院长站在教师旁边,手持马表和笔记板对他们的工作进行监督。院长只是定期听课,为教师提供听课记录,以后要对这些记录进行讨论。院长的定期听课非常平常,也

---

* 也许一些读者认为同事的评价也是一种监督。在工作和生活在营利性学术环境中的笔者看来,我不同意这个观点,因为营利性学术环境中的监督是由老板进行的,而不是由同事进行的。

不会产生什么问题，因为它们是营利性大学文化的一部分。每个学期每门课程都要求学生填写反馈表，反馈结果由教学院长评估，并把评估结果作为教师年度业绩考核的部分内容（传统高校中也有此类评估）。另外，每学期还要对学生学习成绩分布情况和学生保持率数据进行评估。对相似课程教学规范差异较大的情况，教学院长要找任课教师谈话，谈话希望达到的结果是他们能够改变这种情况。

营利性大学的实际情况是每个人的工作都受到监督。在一定程度上，这导致了营利性大学教师的独立性不如非营利性大学教师多。除此以外，营利性大学非常强调教师为学生服务，这似乎说明营利性大学的教师在某种程度上不如传统高校教师有那么多学术自由。解决这个问题的最好办法还是应该回到1940年美国大学教师协会发表的声明上，声明对学术自由的界定包括三个因素：从事科研和出版科研成果的自由，课堂自由讨论的自由，作为公民写作和言论的自由。

即使在营利性大学中，学术活动不是学校的主要教育宗旨，但是这三条中的第一条在营利性大学中还是显而易见的。例如，德夫里公司的《教学政策手册》（Academic Policy Manual）在学术自由部分就包含了以下内容：

> 德夫里公司支持教师和工作人员从事学术活动和创新活动，支持他们出版学术成果，支持他们在课堂上公开讨论问题。德夫里公司鼓励教师和员工通过各种途径提高业务素质，这些途径包括出版科研成果，展示自己的业务成果，进行发明设计和技术改进，以及和自己领域内的教育和职业团体保持联系和交流。[22]

在德夫里公司和其他营利性大学，教师出版学术成果和创新成果前，不需要获得特殊的法律批准或者其他机构的批准。

与此相似，声明中的第三条——作为公民写作和言论的自由在德夫里公司也得到了充分体现。其实，这个自由权利一直受到《权利法案》和《第一修正案》的保护。没有证据说明营利性大学禁止教师的这些权利。

声明中的第二条是关于课堂言论自由的,这一条更有意思。德夫里公司的《教学政策手册》有下面的内容:

在课堂上,问题的讨论和书面材料或者视觉材料的使用必须本着公正的精神,必须对不同观点采取宽容的态度,必须对学生和其他人员的情感做出合理的判断。**德夫里公司保持对建立教育宗旨和课程目标的权利,要求教师处理课程的最终目标,这些目标限定了课程的范畴和级别。**[23]

这里的约束是要求教师讲授分配给他们的课程。他们没有什么自由去更改课程的基本目的和目标。在这样的要求里,因为教师没有作为课程目标开发人员来开发这些目标,因此失去自由是情理中的事。谈到学术自由,德夫里公司的主要教师队伍里几乎所有教师都说他们拥有极大的学术自由。他们感觉到的一个约束就是除了课堂上,他们很少有时间去行使学术自由权利,因为教学工作量很大,加上一年到头的教学任务,他们无暇去从事学术追求,这是限制他们学术自由感的实际结果。

在营利性大学课堂上,还有一个实质性的影响。教师的言论自由还要受到一个可怕的考验——他的学生。因为这些学生都是交了学费的,他们对课堂的意见一般被当做直接反馈(face value)或者类似的反馈来看。如果学生发现教学质量、教材、评分标准有问题,这就会被看做是学生对教学的重要反馈信息。是教师在为学生提供服务,而不是学生为教师提供服务。最终是由学生来制定教师言论得体和可接受的标准。这种观点依据的是成功营利性大学顾客服务标准,这也是高等教育中成功的营利性大学文化的一部分。例如,在私营性学校,如果学生遭到教师语言的冒犯,他们会向院长投诉,说上课时教师骂了他,学校就会要求教师改变说话方式,这个要求由监督教师工作的人员来执行。

第九节　学生的学术自由

其实，营利性大学权力平衡关系表现出教师权利已经向学生方面倾斜，不仅要把学生看做顾客，实际上他们就是顾客。这种权力转移影响了学生和教师关系的性质，它把传统高校教师一般享有的一部分学术自由转移到了学生身上。其实，这种说法可能更公允些：营利性大学学生享有的权利比传统高校学生享有的权利要多，而营利性大学教师享有的权利要少一些。这种权利平衡关系的改变引起了人们对这些问题的关注：对学生成绩的安全措施充不充分，教师会不会放松要求，为了取悦学生，他们的学术严格会不会有水分。这同时也提出了这样的质疑：在营利性大学，教师是否有充分的学术自由。这两个问题——学术严格和学术自由——都是营利性大学和传统高校的文化区别核心所在。

在营利性大学，侧重学生课程保持率和学生课程完成率的公司政策对教师来说确实有压力。学校每周对每门课程都要追踪学生的不及格率和减少率。人们认为同一门课程在不同阶段的授课情况，在成绩、不及格率以及学生减少率方面都应该相似。与标准的偏离被认为是危险信号，尤其在几个学期情况都这样的话。高减少率课程被称为"杀手课程"，教此课程的教师有时被称作"杀手教师"。这时学校就会要求院长调查此事，并就此找任课教师谈话。有时，高不及格率和高减少率可以追溯到学生入学成绩和分班考试成绩很低这个原因。这个问题经常是和教师的态度以及教师的期望值有关，院长将会详细探讨这些问题。如果学生的不及格率和减少率很低的话，所有这些问题自然都可以避免。虽然没有明确的要求要和学生友好相处，要对学生成绩的要求放松一些，然而还是有某种压力要求这样做。这些就是有人所说的营利性大学放松学术自由和学术严格的地方。

我很好奇地想看看，我所在的学校是否每个学期学生的成绩分

布反映了教师有放松评分标准的压力。在过去的几个学期里,期末成绩的评定标准分布如下:

	A	B	C	D	F(不及格)	W or I (很差)
百分数	33	27	16	6	6	11
学生数量	4 179	3 349	2 010	791	745	1 394

这些数据表明学生成绩的60%都是A级和B级,D级和F级只占了12%。虽然成绩分布向两头倾斜,这个分布还没有超出美国其他高等教育包括以严格著称的高校的不断上升的评分标准。例如,在普林斯顿大学,研究表明,在1992年至1997年间,83%的成绩为A级和B级。20世纪80年代,耶鲁大学的学生获得A级的成绩也从来没有低于40%,在斯坦福大学、哥伦比亚大学、达特茅斯大学、哈佛大学以及宾夕法尼亚大学,也有40%的学生获得了A级。[24]即使在那些名气不大的高校,如赖德大学——一所中型私立大学,它的入学条件不高——学生最后成绩有50%获得A级和B级。[25]阿瑟·莱文对全国评分模式的研究表明,在1969年至1993年间,C级百分率已经从25%降到了9%,A级百分率从7%上升到了26%。[26]全国各个学校的评分标准上浮非常普遍,对此,我们很难得出结论说,营利性大学可能存在给学生高分的压力的情况越来越显著。

营利性大学的一位老教师说:和学生好好相处的压力并不是奉送学生好成绩,而是给学生很多重做实验、修改论文、重新思考、补考、课程重修的机会。学生常常要反复地做实验,反复地修改论文,直到他们做对为止。这种"不断重做"的观点是营利性大学学术文化的组成部分,因为营利性大学坚持重复和反复巩固的教育观。

当然,营利性大学吸引的优秀学生尤其是年龄较大的学生,通常都非常苛刻,他们希望课堂上教师能严格要求他们,如果教师没有严格要求他们,他们就会觉得上当受骗。他们中的很多学生毕业于其他高校,学习动机非常明确,希望在此能学到很多技能和知识用于推动自己的事业发展,他们一眼就能看出课程的好坏、教学内容是否具有实质性、教学好不好。营利性大学对教学不严谨的坚决防范可能主要来自学生自己的要求。

第十节　营利性大学的学生生活

民办营利性大学招收的学生主要是走读学生,因此,学校没有运动队、学生活动中心,有组织的学生文娱活动很少。学校的重点是课堂教学和做教学实验。有意思的是,营利性大学大多数学生认为他们的学校生活就是满足他们学习的需要,部分原因可能是他们来此不是寻求与他们学习目的无关的各种活动。

例如,德夫里公司的学生每年都参加全国诺尔—莱维兹学生满意情况记录活动(Noel-Levitz Student Satisfaction Inventory)。[27]记录结果一直表明尽管德夫里公司缺乏一般大学生活的各种课程和活动,但是学生们并不认为他们缺乏校园生活气氛。实际上德夫里公司的学生对他们的校园生活气氛和传统高校学生对校园生活气氛的看法一样(此部分问卷调查表上一共有17个调查项目),他们对校园生活的得分甚至高出传统高校学生的得分(此部分问卷调查表上一共有15个调查项目)。

从某种程度上说,学生俱乐部和学生组织虽然有限,但是他们都非常积极地参与。大多数营利性大学都有非常活跃的学生管理协会,但是其作用和传统高校的学生管理协会相比,非常有限。营利性大学学生一般在教师委员会和行政人员委员会中没有席位。在学校里,他们一般并不热衷于政治生活,可能是因为这些活动花费时间太多,又和他们的学习目标没有什么联系的缘故。有意思的是,我走访过的那些高校中,没有一所高校有学生创办的报纸,只有几所有学生文艺杂志。

在营利性大学,有目的地限制各类课外活动和文娱活动,这样学生的学习时间就得到了充分的保障。营利性大学非常注重学生顾问、职业顾问以及个人问题顾问的工作。从纯商业角度看,通过提高学生保持率、完成率、就业率等手段,这些活动会有利于学校的财务状况。学生顾问工作是教师日常工作职责的一个组成部分,大多数学校都为大一学生配有专职专业顾问,也为学生配有个人问题顾问。较大的问题则由地方社区机构和专业顾问来解决。在营利性大学,同龄人咨询辅导也很普遍。学校鼓励学生组成学习小组,而且经常把这个作为课程的部分实际内容。由于高就业率是营利性大学重要力量所在,因此职业咨询和就业服务尤其受到重视,这在第四章中有所论述。

营利性大学对学生的出勤率要求非常严格,一部分是因为营利性大学要说明学生助学金的支出情况,这比非营利性大学的学生助学金支出情况受到的审查要严格的多。这种说明跟学生最后上课的准确日期有关。在德夫里公司,每节课都要考勤。如果学生一学期有五天没有上课,就会被开除学籍,如果想要重新入学,就得重新申请。除了助学金支出情况问题外,严格的考勤制度还有助于学生要求自己好好利用时间。大多数学生对这种考勤制度反响积极。

营利性大学学生的学习态度非常严肃。他们的学习目标是"入学、毕业、找工作",他们对大学社交生活、"寻找自我"或者出国都不怎么太在意,他们寻求的是非常严肃的学习经历,这种经历是和实用的学习结果紧密相连的。

第六章

营利性大学的经验教训

"垮掉的一代"诗人阿伦·金斯伯格（Allen Ginsberg）于1969年秋天参观了我们学校，当时我在美国中西部的一所规模很大的州立大学就读，所学的专业是英语。他以一种散文诗的形式谈到了美国大学创办的目的：大学的特点就像是一个巨型的仓库，由于美国人不知道如何打发年轻人的时间，大学的初衷就是占用年轻人的时间。他认为，真正意义上的大学教育只是用来安置那些既未成年又不是孩子的年轻人的有效方式。当时与会的大部分学生包括我自己，都非常赞同金斯伯格对我们体验的直截了当的解释。

巨型仓库的比喻在一些规模很大的州立大学体系中依然存在，但是一般来说，它已经描绘不了大学的真实情况。一方面是因为学生情况已经发生了根本的变化。现在美国一半的大学生是成年人，年龄在18—22岁之间，攻读文科学位的大学生只占7%的比例。[①]变化更大的也许是，把大学教育和毕业生的赚钱能力挂钩变得越来越普遍，这也是为什么许多研究用学生工资标准作为衡量手段的原因（对此下面要作进一步论述）。毕业生的赚钱能力反过来又和地方和国家经济健康状况联系在一起。全国高等教育统计中心追踪了国民生产能力、个人教育以及个人赚钱能力的关系，它用这种关系来说明教育投资对国民经济有明显的好处。[②]全国高等教育统计中心最近的一个报告中指出，美国国民生产能力的提高是教育程度提高的结果，国民生产能力的最佳尺度是国民的工资水平。[③]

营利性大学公司的重要教育宗旨、教育价值和这种联系——即关于教育程度、毕业生的赚钱能力以及国民生产能力的关系——不谋而合。这些机构在这些方面搞得红红火火：他们有效地提供学位课程，有效地提供市场需求较高、工资待遇较好的就业机会。这实质上是它们提供教育的全部内容。阿伦·金斯伯格也许会把这种教育方式描述成和市场需求密切联系的流水线工作培训。学生和教师数量虽然不大，但是越来越多的人（2000年一共有40万学生，专职教师有3万名）选择这样的学校学习、教书，这种学校的教育讲究实用和应用。④

高等教育中营利性大学模式的兴起，尤其是那些大上市教育公司的不断发展壮大（它们开设得到认证的准学士、学士、硕士，甚至是博士学位课程），对美国高等教育产业将会不断产生重大的影响。在前面的章节中已经探讨了营利性大学的历史、发展、机构文化以及财政情况，在最后一章里，我主要探讨两个目标。第一个目标，是在高等教育继续发展的这个大背景中去定位营利性高等教育模式，去弄清楚营利性大学是怎么影响我们对不断演化的高等教育构成的理解；第二个目标，是弄清楚传统高等教育机构从营利性大学的重新出现和发展中学到的经验教训。通过对营利性大学模式的一些成功运作的理解，尤其是通过观察营利性大学是如何处理一些传统高校无法满足的市场需求，传统高校也许能够更加清楚地理解和说明自己的价值和办学目的。

首先搞清楚营利性大学和非营利性大学之间的一些模糊界限非常有用。

第一节 各种模糊界限

如第五章论述的那样，从课堂层面来说，营利性大学和非营利性大学没有明显的区别。一些较好的营利性高教公司，如华盛顿—巴尔的摩通道的斯特拉耶教育公司、拥有艺术学校的教育管理集团公司、在美国心理学校以及萨拉索托大学的十个分校开设博士学位课程的阿格西教育集团,它们都是合法的、有生命力的学术机构。同时,越来越多的知名非营利性大学正在调整自己的结构来创办一些营利部门,主要由一些成人继续教育和风险资本组成。这种趋势值得关注和效仿,这将在下面详细探讨。很明显,非营利性大学中的营利性产业的不断增加,说明用来区别各种类型和各种质量的"营利性"和"非营利性"术语已经变得越来越没有意义。在20世纪90年代的经济繁荣时期,这种模糊性越来越大,同时传统高教模式由于缺乏效率、对市场反应不及时以及抵制变化,正受到业内的质疑和业外的批评。

由于这种界限模糊,高等教育前景发生了重大的变化。在追求教育目标时,各个年龄段和各个学位段的大学生有了更大的选择空间。教师也有一些新的职业选择空间,这些新选择空间包括用职工优先认股权替代终身制,回避学术产出竞赛,以及为他们提供界定清晰的机构角色。与"私有"有关的耻辱正在慢慢消失。阿格西教育集团的迈克尔·马科维兹——他创立和成功发展了心理学博士学位(见第二章)——对于营利性大学的创立,评价说:说非营利性大学比营利性大学更高尚没有什么真正的实际意义,非营利性大学的高尚性在于高尚观念的实行。[5]

传统学术界对于营利性大学还有一个质问:它们提供的是正统的高等教育还是仅仅提供了就业培训。这里,界限再一次模糊起来。我们所说的教学和我们所说的培训的界限不是特别清楚,除非是极端的情况。美容学校提供的是职业培训,不是教育。医学院既提供培训也提供教育,法学院、工程学院、艺术学院、建筑学院以及其他一些学院也是如此。毫无疑问,优秀的培训者也从事教学,优秀的教师也利用培训技巧。培训指的是通过学习掌握各种技能。作为教育者,我们期望也希望教育能完成更伟大的宗旨,能完成一些"开启心智"的宗旨。如果在教学中,学习者的心智得到了开启,我们自然会把这归功于有效的教学(以及有效的学习)。如果在培训中,受培训者的心智得到了开启,我们也许不愿意把这归功于有效的培训。

正统高等教育的组成——研究内容、学习内容、教学方法——

这个问题是不断演化的对话的内容，这个对话继续受到传统理想和市场经济实用需求的影响。在美国高等教育领域也许一直有这样的情况，这种情况效仿但并没有完全照搬欧洲大学模式，这种情况最终也没有完全脱离经济市场的影响。像第三章中探讨的那样，自美国第一批古典大学创立以来，也有一些其他类型的学校蓬勃发展，有时也有一些地下私营学校，它们之所以存在是因为传统教育模式满足不了一些市场需求。美国的高等教育，包括古典大学、机械学院、赠地大学以及函授学院都是传统和时代市场需求的产物。很多传统高校继续强调保护传统，而不是满足市场需求。营利性大学尊重学术传统，它们只有这样做才能获得地方协会的认证，但同时它们也非常看重满足市场需求。这两个方面高等教育都有空间，虽然他们之间的区别模糊不清，但是这两种方法可以完整地结合起来。

第二节 毕业生的赚钱能力作为价值观测量手段

本书中，我一直在讨论营利性大学之所以做得好是因为它们适应了市场的需求。对全国大学新生（也就是大学一年级学生）所做的调查结果表明，营利性大学提供了很多学生需要的教育内容。加利福尼亚大学洛杉矶分校（UCLA）的高等教育研究机构（已经成立了35个年头）做了大学新生年度调查，跟踪报道了大学新生不断脱离传统学术要求，而把追求经济的目标放在主导地位的现象。⑥ 2000年1月份公布的最新调查中，261 217名学生对上大学的13个重要原因进行排序，排在第一的原因是"能找个好工作"（72%的学生这样选择），其次是"能接受一个好的职业培训"（72%的学生这样选择）。在他们上大学期望取得的20个目标中，"取得很好的经济情况"荣登榜首（73.4%的学生这样选择），这远远排在老标准"培养有意义的生活观"（39.7%的学生这样选择）之前。

这些调查结果只反映了大学新生的各种态度，不一定能反映高等教育机构的价值观。例如，可以指出，即使就业是学生或者是课程的明确目标,不管是否优先考虑,高校也会帮助学生培养有意义的生活观。似乎非常清楚,学生对大学教育的态度和期望是与学生职业发展和经济回报强烈联系在一起的。

这些态度和期望在大学生中非常普遍,高教团体认为它们是高等教育必然完成的宗旨。其实,评估大学学位价值的主要尺度已经演变成毕业生的挣钱能力。例如,几个研究证实了常春藤联盟的学位价位很高,它们的学位确实能够带来成功的职业开端和高薪工作。[7]全国经济研究局1999年发布的一项研究对知名大学——如耶鲁大学、布莱恩·莫尔(Bryn Mawr)——和不知名大学——如德尼森(Denison)大学或者图雷恩(Tulane)大学——的学位进行了比较。这个研究中用来评估学位价值的唯一变量是毕业生平均收入水平[8],该研究甚至都没有把毕业生的有意义生活观的培养这一变量考虑进去。

人们期望教育的成功能够带来经济的成功。多伦多维多利亚大学校长罗珊·鲁特(Roseann Runte)指出,即使是联合国教科文组织的21世纪国际教育委员会的1996年题为《知识:内在的价值》(*Learning*:*The Treasure Within*)的报告也根本不是真正关于"内在价值"的,而是关于教育为个人和国家产生经济财富。[9]教育能提供改善生活质量的机会,在物质主义社会中,对此最简单的测量方法是现实领域的经济回报。

大学学位的价值是根据毕业生的挣钱能力来进行评估的,这些评估一般由业内和业外研究者定期进行,这些做法似乎有力地支持了这样的结论——美国高等教育基本上成为为学生提供文凭的过程,文凭的价值是用经济回报来测量的。在这样的测量标准中,营利性大学得分很高,那些名校得分也很高。

第三节 质量和诚信的监护人

高等教育产业中有两个明显的机构质量和机构诚信的监护人,

其中一个是认证过程。简单地说，认证就是检验真正意义上的大学教育目标是否已经达到。真正意义上的大学教育与学校教育宗旨相一致，这种教育满足或超过教育质量公认的基本标准。大学教育认证过程并不是完美无缺的，但是绝大部分高校都觉得认证过程似乎在处理高校问题和提高高校总体质量方面有用。

营利性大学把认证过程作为一种商业目标来看待。它们已经证明，符合认证标准基本上就是资源合理分配的直接结果。这些标准不管是和教师文凭有关还是和图书馆藏书量有关，它们本身就是素质教育的替代测量手段，但是它们是保证不了教学质量的。在得到认证的高校中，不论是营利性大学还是非营利性大学，它们的机构质量显然有很大的不同。

当然，所有教育机构，不管是营利性的还是非营利性的，都应当符合这些认证标准。从历史上看，情况也并不总是如此，有几个州和地区对营利性大学的认证标准还是和非营利性大学不一样，营利性学校的认证标准要严格得多。菲尼克斯大学的乔治·德·艾尔瓦指出："认证存在的问题在于像菲尼克斯大学这样的一些大学，由于它们是由营利性公司所有，它们的认证标准是一套不同的标准。"[⑩]州执业标准也经常对私营性学校运用不同的标准，新泽西州就是这样，该州对私营学校的执业就有一套独立的规则，还把执业年限限制为5年（这和非营利性大学的一次性执业期限相对应）。

高等教育认证委员会主席朱迪斯·伊顿（Judith Eaton）指出，地方认证是"美国评价学校质量的最古老、最常用的方式之一"。[⑪]当地方协会面对高等教育不断变化的挑战——尤其是远程教育的发展、营利性大学的快速扩大以及非营利性大学中的营利性部门的快速发展时，它们重新审视了长期指导地方协会认证标准的核心学术价值观。伊顿把这些核心价值观总结为以下内容：

- 机构自主性
- 共同掌权和共同管理
- 教师的智力权威和学术权威
- 学位（准学士学位、学士学位、专业学位、硕士学位、博士学位）

- 基础教育
- 以教室为基础的教育方式和学习团体

伊顿说，地方协会认证就是要保护这些核心价值观。她声称："大学缺乏对其中任何一个价值观的义务都是导致制裁的原因，这些制裁有对其进行的附加审查，也有撤销机构认证的做法。"[12] 必须承认，营利性大学是在不同的价值观层面上运行的，它们的运行尤其跟上述列举的第二个和第三个价值观有关。如第一章和第五章中论述的，共同管理并不能准确描述出本书中所列举的营利性大学处理决策过程的方式。有时教师会参与一些决策，有时另一些决策中又没有教师参与。例如，德夫里公司、教育管理公司、斯特拉耶教育公司以及其他营利性大学的教师并不决定他们学校开设什么学位课程，有时他们根本不参与有关这方面的讨论。此外，教师的智力与学术权威在营利性大学环境中明显不同，伊顿把这些称为对课程设置、课程内容、评估学生成绩的学术标准的责任。在我看来，虽然营利性大学教师对这些领域有一些影响，但是他们对课程设置、课程内容、学术标准却没有决定权。

当前，地方协会处于重新检查认证标准和重新评估高校与它们制定的标准是否一致的进程中。可以这么说，这些标准既具有描述性又具有约定俗成性，也就是说，在某种程度上，这些标准是来自对各种好学校的描述，然后又把这些描述作为所有学校标准的约定俗成的基础。在使这些标准具有约定俗成性的过程中，不可避免地会遇到种种不同的描述。营利性大学会造成这样的幻觉，即好学校应该是财政、人力、物力等的可靠的管理员，它们应该对效率负责。因此，学校诚信问题应该修改为包含一套不同的价值观。文科认证和理科认证取决于描述性现实和约定俗成性现实之间所取得的平衡性。这个过程的开放性体现在两个方面：一个是对现有标准的应用，另一个是为了适应其他方面的学校质量和诚信而对现有标准所做的修改。

学校质量和学校诚信的另一个监护人是自由经济本身。市场最多作为检测和平衡系统，在这个系统中，买方会保持优质产品和优质服务，劣质产品和劣质服务最终会失去市场。适应市场需要和要求的产品和服务就会被消费掉，不适应市场需要的产品和服务就不会被消费者接受。

简单地说，这种环境中的市场指的是，一定种类的高等教育存在的需求与高校以招生形式处理这些需求所做出的反应之间的关系。换句话说，市场就是高等教育提供者和消费者的交换地。例如，菲尼克斯大学一共招收了 10 万名成人学生，这些学生显然可以选择其他学校，这一事实表明，市场证实了菲尼克斯大学所开设的课程解决了一定消费群体的需求。这个事实没有揭示，是否菲尼克斯大学的成功只是一种侥幸，是否它运用的标准是打折扣的，是否它愚弄了信任它的公众。

其实，作为高校诚信和质量的监护人，市场在揭示学校性质和提高学校质量方面的作用非常有限。仅仅靠市场是不能决定教育质量的，尤其当教育质量是根据满足社会需求来界定的时候，因为市场完全和当前的需求相一致，它不一定能解释社会较大的需求。也许，个人对需要的理解（如挣钱能力）和人类群体以及社会需求之间必然存在不可避免的紧张关系。因此，我们有理由做出这样的假设，一些高校为了保持超越某些价值目标（如提高个人挣钱能力），必须逆当前的市场潮流而上。在某种程度上说，消费市场本身是无价的，它反映的是消费者自己带进市场进行交易的各种价值。

市场真正揭示的内容对评估高校与当前市场需求是否保持一致非常有用，高校是否有效地满足当前教育消费者的期望也非常有用。高等教育产业像其他服务产业（如卫生保健、金融）一样，消费市场反应能力对机构效率显得越来越重要。营利性大学的崛起把高等教育的市场责任引领到了一个新的高度，据我估计，大多数非营利性大学也越来越需要这种责任。

第四节　低效率引起的奢侈现象

传统教育人士有时问我一个有关营利性大学的问题：营利性大

学的知识中心在哪？我一直也拿不准这个问题的确切含义，但是这个问题隐藏着的原因是和营利性大学与传统的终身制、学术自由以及共同管理的明显分离有关。

在传统教育模式中，学校的知识中心就是专职教师，人们相信他们对课程设置、教学以及课程内容有一定的权威，人们也赋予他们做出影响高校生活的各种重大决定的极大的发言权。在这种模式下，他们常常拿出很多教学时间——这些时间多达标准工作量的1/3或者一半——来直接或者间接地捍卫学校的宗旨，更确切地说，是为了捍卫学校知识中心的健康发展。学校能容忍甚至赞美对专职教师配置中存在的很多低效率现象，如分组教学制、小班上课。因为人们相信"低效率的奢侈"是学校知识中心建立的重要投资，就像三一学院的院长帕特丽夏·迈克圭尔（Patricia McGuire）所说的那样。[13]

低效率的奢侈现象很难在所有高等教育领域合理存在，正如它本身的概念所表明的那样，财力、人力、物力低效率的好处并不明朗。假设的结果常常是基于信仰而不是基于结果评估手段。尽管很多高校也采用了"结果评估"等字眼，但是它们内部结果的评估手段和责任还非常匮乏。以低效率的名义得到赞扬的东西可能只是学校低效率的一种形式。[14]很多高校强调教师研究能力，如扎卡里·卡拉贝尔（Zachary Karabell）以及其他人指出的那样，学术界强调教师的科研活动导致了教师们重复或者再三重复主要研究型大学教师的研究成果。[15]教师的科研能力能改进课堂教学质量的想法还有待于证实，这也许对于某些领域的研究生水平的教学会有好处。

人们认为不超过20人的小班会提高学习效率和学生成绩，尤其是对新生作文课这种类型的课程。我自己就教了很多年新生作文课，我可以肯定地承认自己喜欢教20~30人的班级，但是我提供不出证据说明学习效率和学习成绩的提高是因为我的班级小的缘故。因为很简单，还有其他的变量在起作用，如班级学生的总体水平，各组学生的课堂动态关系，我作为教师在不同时间教学状态的变化——对于30个学生的班级和20个学生的班级，教学工作量不一样，这是无可辩驳、明显存在的事实，毫无疑问，批阅30份作文花的功夫要比批阅 20 份作文花的功夫大得多。

营利性大学的班级也不是太大，基本上没有大班。即使是效率的领军人菲尼克斯大学的班级平均也就是十几人，学生与教师的比例也只有 18∶1。当然，这些教师主要是兼职教师，这又把我们带回了原先的问题，即学校的知识中心在哪里。

第五节 对知识中心的界定

在一般的营利性大学模式中，专职教师和传统高校的教师一样处于大学的知识中心的位置。另外，由于它们的学生一般是年龄较大、已有家室的成人学生，他们和传统高校中的成人学生一样，也对知识中心作出了自己的贡献。和传统非营利性大学不同，营利性大学教师对影响学校生活的决定的权威受到了较大的限制。由于他们没有终身制，缺乏很多共同管理的标准附加手段，如教师评议会、晋升终身制委员会，这些营利性大学的教师只是被分配去教书，而不是被分配去进行管理。

在教育管理公司、阿格西教育集团、斯特拉耶教育公司、德夫里公司等机构，一般情况下，50%~70% 的学分课程由专职教师完成。营利性大学的专职教师会拿出部分教学时间用来参与课程开发、专业开发以及进修，公休假期他们也不用上课。

例如，在德夫里公司，除了每隔 5 年就有一个带薪的公休假外，教师还可以选择把超额的教学时间储存起来（这些时间通常是晚上或者周末的超额教学时间），然后他们可以把这些时间兑换成假期。在普通学年中，我所在的德夫里公司的大学教师休假时间是其工作时间的 1/10，也就是说他们一学年的工作量为 3 500 小时，其休假时间为 350 小时，还可以把这种关系折算成这样：每学年有 8 名专职教师在休假。这些休假时间一半用于公休，另一半用于课程开发和为各部主任承担一些行政工作。德夫里公司的教师很少用上课时间来从事科研项目，除非这些项目和完成博士学位有关，在这种情况下，他们可以把教学时间的 50%~100% 用于这些项目。

根据我在营利性大学的工作经验和对营利性大学的研究，我认为可以得出这样的观点：虽然营利性大学不怎么重视教师的科研活动，但是一些营利性大学的知识中心至少和很多传统高校的知识中心一样具有生命力。该校（德夫里公司）至少有这样的情况，这个学校的教师合同上要求教师每周坐班 4 天，教师要对教学负责，要对他们参与开发的课程的教学结果负责。该校的教师不用从事科研活动和出版科研成果，他们积极参与临床实践，这些临床实践显然有助于他们理解教学和改进课程。在教育管理公司的艺术学院，教师每周坐班 5 天，他们天天和学生工作在一起，和学生一道建立和维持一种浓烈的艺术者团体氛围。在德夫里技术学院，很多教师都深入到现有的教育和学生学习方法的讨论中，尤其是基础教育领域。在我工作的新泽西分校，基础教育占了各个技术学位课程的 50% 左右。值得一提的是，这些营利性大学中的专职教师对于知识中心的贡献在于他们每周坐班四五天。

那么对于像菲尼克斯大学这样的学校，雇佣的教师几乎都是兼职教师，知识中心情况又是如何呢？在几乎都是兼职教师的学校，知识中心有可能存在吗？菲尼克斯大学校长乔治·德·艾尔瓦在高等教育认证委员会的一次会议上讨论了这个问题，他做了一个非常有意思的区别。[⑯]他说："对我来说，基本差别不在于专职教师和兼职教师的差别，而是在于从业教师和自雇教师的差别。"菲尼克斯大学没有把自己的教师说成兼职教师是因为他们不是附属教师，而是学校教学的中心。菲尼克斯大学雇佣专职教师的一个条件是他必须是所教课程的专职从业者。菲尼克斯大学的创始人和首席执行官约翰·斯珀林这样说道："如果你白天没有从事这门课程，你就教不了晚上的课。"[⑰]

德·艾尔瓦回顾了他在普林斯顿大学任终身教授和在伯克利分校任捐资主席的岁月。他说："很多传统高校的专职教师基本上都是自雇教师、独立的代理人，他们期望通过学术出版物、研究赞助、奖学金以及各种奖励来提升自己的事业并为所在的学校带来名声。"在这样的期望值下，德·艾尔瓦认为，这些教师经常不在学校里，不在课堂中，不直接参与管理，他们对知识中心的贡献不如对自己事业和学科知识的发展大。他认为菲尼克斯大学的教师比很多传统高校的专职教师在学校的时间和从事教学的时间更多，因此他们对知识中心的贡献会更大。

不论我们对菲尼克斯大学（或其他大学）的知识中心做出什么结论，我们必须问这个问题：知识中心和大多数在校学生有多大关系？有人怀疑知识中心和在校学生没有什么关系。

第六节 营利性大学的经验

扎卡里·卡拉贝尔在《大学的目的是什么？》（*What's College For?*）一书中写道："大学正在进行的事情和我们民族的性质分不开，现在是这样，将来也许更是这样。"⑱卡拉贝尔非常肯定地认为美国高等教育正在进行一场革命，大学正在"变为大众教育，也正处于极大的民主化进程中"。⑲大学吸收各种背景、各种水平的学生是美国高等教育体系的力量所在。

当然，美国高等教育的另一个力量是这个体系内的高校类型多样性，这种多样性为学生提供了接受高等教育的各种选择机会。高校宗旨的多样性使很多高校在一些特殊领域非常出色，从一定领域的基础学术教育到地方社区的准学士学位课程的开设。营利性大学代表了另一种形式的高校及其宗旨的多样性，这种形式非常有用，对高教产业的总体活力和广度方面贡献不小。

在我和营利性大学打交道的过程中，我一直在考虑非营利性大学能从营利性大学身上学到点什么。从另一方面来说，很显然，营利性大学似乎从非营利性大学那里得到了不少启示，因为它们基本上采用了传统高等教育的模式——学生坐在教室，教师在前面讲课——并遵循现代的操作管理、成本核算、财务管理以及营销等原理。营利性大学在一定程度上把重点放在实用型和应用型的教学上，这样做的结果是找到了一条有效的、划算的、可选择性的获得大学

的学位途径。在考虑传统非营利性大学可能从这些成功的营利性大学学到什么时,可涉及以下四个变化的领域:

- 适应市场力
- 适应组织结构
- 重新界定共同管理
- 发展强大的顾客服务型体系

● 适应市场力

反思一下美国高等教育的巨大发展和世界知名的大学体系,一些观察人士认为,虽然传统高校变化较慢,但是它还是有较强的适应能力和反应能力。[20]有的观察人士挑剔地说学术界本身一直在抵制变化。[21]当然,无论是学生情况、经济情况或者技术运用情况,都要不可避免地发生变化,变化造成的影响是变化节奏和变化范围的一个变量。正如我在全书中一直指出、一直解释的那样,在市场反应能力方面,很多传统高校一直在抵制变化,他们反应缓慢,不愿意适应变化。尤其当我们看到一些营利性教育公司适应变化速度之快、效率之高,特别是他们对课程开发、新课程开设、教学方式的选择、学术决策等方面的适应速度的时候,非营利性大学的这种特点就变得尤为明显。在两种教育环境中工作过、生活过后,我对这种对比感受更深。

也许有的传统非营利性大学一直抵制变化是出于保护各种价值观,人们认为这些价值观对人类社会非常必要。有的传统高校对一些领域的变化需求的关心程度不如它们对学科学术进步的关心程度高。有的传统高校对变化需求完全不怎么关注,它们处于威廉·蒂尔尼(William Tierney)所说的"机构注意力缺损紊乱"的状态。[22]很多传统高校完全缺乏处理变化的机制。我曾经帮助一所文科大学做一个战略计划,该校人文专业的招生人数10年来一直呈下降趋势,后来一直在低水平徘徊,而人文专业的课程范畴和教师规模一直保持不变。这个大学大部分时间都用来处理发展和扩展上,没有做计划来削减资源或者对资源重新进行重大分配,而是在劳资双方就工资等问题谈判中制定一些令人讨厌的行不通的下岗条款。在教师会议上,大家普遍的想法是,招生是一种循环的过程,人文专业招生这个钟摆会在适当的时间摆回原来的位置上。到现在,这种招生不景气情况已经持续18年了,丝毫还没有反弹回去的迹象。

斯坦福大学的帕特丽夏·加姆波特(Patricia Gumport)和马克·春(Marc Chun)在分析高等教育抵制技术变化时写道:"大学强大的惰性在于它是长期发展起来的完备体系。大多数科技革命是在学术界以外发生的,很多大学没有经历产业革命。"[23]只要社会变化、经济变化和技术变化不断增加、不断演变,传统高校复杂的决策结构对市场力的反应就不会是致命的缺陷。图雷恩大学校长斯科特·科文认为当今的社会变化、经济变化和技术变化没有连续性,但具有革命性,面对这种新现实,大学的传统决策过程"违背了人们对高效机构期望值的逻辑"。[24]

除了110~120所主要研究型高校和与此数量相当的主要文科高校外,到目前为止,美国大部分高校都在为劳动力提供教育。[25]为了培养劳动力,学校必须满足工作岗位的需求,而工作岗位现在正在不断发生重大变革。[26]检验这种变革的一个方法是看新产品和新服务多长时间才能占到25%的市场份额。例如,家电产品需要46年时间,电话需要35年时间,录像机需要34年时间,个人电脑需要15年时间,手机需要13年,因特网需要7年。[27]这些不断提高的巨大市场占有率不是单独出现的,而是和很多大型产业以及劳动力教育和培训需要的变化一起出现的。

由于这些原因,大部分高等教育机构必须对市场力作出越来越大的反应,市场力影响着它们服务的学生的教育和培训需要。迈克莱斯特大学(Macalester College)校长迈克尔·马克菲森(Michael McPherson)告诫道:"如果不这样做的话,我们不仅资源越来越萎缩,而且在社会中的发言权也会越来越小,除了对自己所做的事的效率和价值有自信外,我们已经没有什么基础可言了。"[28]当我们面对抵制的传统、长期的惰性、阻止快速决策及对变化做出快速反应的决策体系时,我们面临的问题和挑战不是是否增强反应能力,而是如何增强反应能力。

● **适应组织结构**

在世纪之交,高等教育领域最具吸引力的一个发展是,几所名牌大学包括哥伦比亚大学、康奈尔大学、斯坦福大学、纽约大学、马里兰大学的营利性部门的出现,其他大学也相继跟上这种形势。如前所述,这种趋势值得关注、值得仿效,尤其是那些在服务市场有强大品牌声誉的高校,情况更是如此。梅里尔·林奇公司的产业分析人士说:"教育产业中品牌变得越来越重要,他已经成为其他产业建立公司的主导手段。"这些分析人士认为,强大的品牌身份并不限于知名度高的学校,他们认为"当与对教育业绩有持续积极作用的高质量课程相结合时,学校就可以通过兼容手段和介入手段来打造教育品牌(而不是通过排除手段和不介入手段)"。[29]

也许有人会问,为什么非营利性大学想建立营利性企业作为机构运行的组成部分——而这种企业和免税地位是不相称的?答案是双重的,而且进一步证明了非营利性大学和营利性大学之间界限的模糊性。[30]首先,这些营利性部门为私人投资资本提供了途径,如第四章所讨论的,这些私人投资资本可以作为营利性大学的一种捐资形式。具有国际品牌身份的大学和在地区以及地方比较知名的大学,它们开始意识到可以利用校名和声誉吸引大量投资资本。如果能成功的话(成功与否很快会知道),它们就会找到吸引捐赠收入的另一种途径——通过私人和公司投资。

其次,创办这些企业几乎没有什么风险。即使它们失败,大学本身也不至于破产,或者财政告急,大学还会继续依赖它的主业。(当然,对营利性大学来说,情况不是这样。因为它们的主业依赖于私人投资资本和不断获得的利润,如果失去了这两个方面,营利性大学情况就会极其危险。)这些营利性企业一般都经过仔细计划,地处大学能够掌控的地方,这样就能够保护大学的核心学术身份和文化。在某种意义上,它们为非营利性大学提供了参与营利游戏的机会,却又没有营利事业的各种风险。

根据我在营利性大学的工作经验,我认为很多大学应该考虑建立营利性企业作为大学总体机构的组成部分的好处。最近我给一位同仁提了一些建议,他是一所小教会学校的教务长,这个学校正在举步维艰地想摆脱财务困境。尽管经过了再三的努力，该校增加捐资规模的计划仍没有实现。这所大学有着强大的企业传统，20年前，它是这个大都市里第一所积极开设成人继续教育课程的学校。从局外人的角度来看，我认为建立营利性部门是重新点燃和疏通该大学企业精神的潜在力量，在某种意义上，建立营利性部门就是给它自己一张进入成人继续教育市场的更具闯劲的入门证。该大学的官员正在考虑重组继续教育单位，将其作为营利性实体重新组织。

建立营利性企业使非营利性大学有可能实现两个世界的最佳效益：一个是税收优势，另一个是非营利性机构募资的各种机会以及营利公司的资本投资选择权和运行效率。这样做，不会对教育宗旨和学术文化造成什么危害。而且这样做的风险微乎其微，但是潜在的财务回报却很大。

- **重新界定共同管理**

尽管共同管理的观念对于传统的学术界感情（包括我自己的）来说有一定的魅力，但是它已经演变成一种决策体系，这种体系在很多学校是行不通的。对于校长、教务长以及院长来说，共同管理最后已经把领导变成妥协和寻找中间战场来平息呼声大的、保护呼声小的一种方式。旧金山大学战略领导中心主任丹尼尔·朱利叶斯说，实际上，共同管理已经真正使决策变成一种错觉了。[31]

现在需要一种新的模式。营利性大学的经验告诉我们合理的参与和包容方式能够和比较传统的管理结构共存，在这种管理结构中，决策权力还在那些领导人手中。和德夫里公司教师一道工作期间，我看出对共同管理依赖较少并不一定会破坏学术文化。很多教师实际上觉得从过多的管理事务中解脱出来，感觉很轻松，因为这样他们就可以把精力放在教学上。很多次我觉得德夫里公司以及其他一些营利性公司可能在另一个方向（商业）上会走得过远。在那个方向，老板挥动着权棒，有时在决策方面，他们给教师的权力极小，而有些权力如课程方面，教师对其作用又会很大。我认为营利性公司还没有找到解决共同管理问题的完美方法，但是他们向我们展示出，比较传统的管理文化能够在学术机构中生存。

也许，每个学校都需要找到这些问题的各自重心所在。我相信共同管理需要重新界定，这样就能够使那些权威人士做出及时有效的决策，使那些权威人士脱离丹尼尔·朱利叶斯所描述的那种政治权力斗争，在这种斗争中"决策过程就是绕圈过程，这场政治斗争中最佳的决策就是暂时的胜利"。[32]

- **发展强大的顾客服务型体系**

本书中提到的营利性大学的强大的顾客服务性体系是越来越多的学生选择它们接受高等教育的一个原因。如我所述，把学生当做顾客看待并不是说他们就不是学生了，也不是说高校必须放弃自己所有的喜好，更不是说为了讨得学生顾客的欢心，教师们就必须给他们高分。它是说高校对学生的需求能做出更快的反应，能把服务学生放在首位去考虑。如果高校做不到这些，我想学生就会另攀高枝。

当前，很多学生对与教育机构之间的职业型、商务型关系反响较好。对越来越多的学生来说，他们去营利性大学学习不仅是可行的，而且很可能是"很酷"的行为。我第一次知道一些学生上德夫里这样的大学会被认为"酷"，这是我无意中听到我们学校两个新生的谈话时知道的。一个学生说他也考虑过上附近的一所州立大学，另一个学生答道："不行，德夫里要比那所大学酷多了。"虽然我不知道那个学生所说的"酷"的确切意思，但是我知道那是他对他与德夫里关系的褒义评价。我一生都在高等教育领域度过，我对德夫里的看法是，它是一个讲究实用的、务实的、经济的教育机构，而且对学生的需求能做出积极的反应。品质优良，但不见得"酷"。常春（Evergreen）学校很酷，华伦·威尔逊学校很酷，奥博林学校很酷，但是德夫里呢？也许很多学生确实真的认为这些教育机构很酷，一部分原因是因为这些机构把他们当做顾客看待。

第七节 真正的大学教育是什么？

对美国高等教育不断变化的情况进行的每一次认真探讨，最终都会导致这样的疑问：真正的大学教育的组成部分是什么？这个问题确实非常复杂。㉝它的答案不可避免地取决于人们对有关认识论、本体论以及教育和社会重大利益关系等重大问题的回答方式。人们要认识什么事物？怎么去认识事物？人类作为认知者的本性是什么？知识产生的目的是什么？人类存在的意义是什么？个人和民主社会的关系是什么？对这些基本问题的各种回答直接或者含蓄地说明了对真正的大学教育的组成的各种探索。至今这种问题还是人们争论的热点，在个体教育机构内部和个体教育机构之间对这些问题的答案达成共识是永远不可能实现的梦想，对此，人们会吃惊吗？

布鲁斯·基姆保尔（Bruce Kimball）对文科教育思想做了高明的研究，他根据哲学家和演说家之间一场历史悠久的争论，分析了美国中学后教育问题。㉞美国关于真正的教育组成部分的争议起源于古希腊和古罗马时期。演说家和哲学家都坚持认为，人的德行的形成是依靠对知识的追求，但他们在课程形式和教育过程形式上存在分歧，他们认为通过这些形式可以获得知识和美德。

哲学家柏拉图和苏格拉底认为真理是存在的，真理的本质是可以认知的，他们还认为这种认知能造就有德行的个人。人只有通过不懈的探究和冥想，才能获得真理和美德。对哲学家而言，教育的最高形式在于通过对博雅知识尤其是科学和哲学的学习，自由自在地追求真善美。很显然，在柏拉图生活的贵族政治的社会里，并不是每个人都能享有这种教育追求的闲暇。但是那些享有这些闲暇的社会精英阶层在这种追求中对整个社会的重大利益负有责任。

和哲学家相对应，包括诡辩派人士和伊索克拉底（Isocrates）、昆体良（Quintilian）、西赛罗（Cicero）等在内的演说家们认为，真善美不能作为抽象的理想来追求，人的德行的形成也不能靠少数几个人的冥想来获得。相反，他们断定，只有积极投身到社会现实生活中，才能发现和学到这些美德，这又导致了实用型智慧的呼声。演说家们关心的问题是务实的。他们赞成博雅知识的学习，他们对语法和修辞的强调胜过对科学和哲学的强调，这样做的目的就是把真理限定在一定的背景中。人们通过适当的学习课本和传统来形成自己的行为和德行，而这些课本和传统又通过修辞手段展现出来达到最终的实用目的。这种学习又一次主要是为那些有一定财富和闲暇参与的人提供的，但是这种学习的成果可以更快地为较大范围的社会服务，演说家就是在这样的社会中推行他们的演说艺术的。

　　哲学家指控演说家为了修辞而牺牲了真理，指控他们把真理只局限在一定课本的传统中，还指控他们错误地认为人的德行的形成是靠模仿和说教获得的。演说家则指控哲学家致力于对真理自由自在的冥想探究，这种冥想会使真理变得不可知，还会使民主社会中的普通公民失去享受有德行生活的机会。

　　这段简短的描述使这些争议的意义变得明朗起来，这些争议还在继续对美国高等教育产生着影响。美国博雅教育传统已经以教育的形式表达出来，它既有自由探究（哲学家），也有对一定背景下传统的研究（演说家）。但是在美国背景下，传统争议正在经历着一些根本的变化。基姆保尔把这些变化定义为他所说的"博雅教育理想"。⑤

　　一方面，哲学家们致力于的自由探究最终还是和科学研究的各种方法联系在一起的，这些方法致力于把对真理的客观追求作为经验来看待。自由探究已经不再作为哲学和冥想用以发现真理的手段。再者，自由探究不再对人的德行的形成的古典意义——理解和投身于追求真善美——感兴趣。理性、批判以及经验探究能力已经成为人的重要美德。另一方面，曾经提供真善美美德实例和以美术方式塑造学生逻辑思维和以修辞方式塑造学生实用智慧的文本传统，现在已经让位于自由批判探究的传统了。现在是分析课文和批判课文，而不是模仿和占用课文。人的德行不是屈从于公认传统的权威和智慧，而是探究这些权威和智慧。

　　古代哲学家和演说家古典的"博雅教育理想"对美国的影响是

深远的。柏拉图的认识论假设——可以通过自由自在的冥想探究来认识作为独立现实存在的真理——已经被这样的假设取代，这个假设认为能被认识的真理是那些能够通过经验证实的真理。演说家的教条式的认识论——可以通过学习和理解传统来认识真理——已经被这样的假设代替，这个假设认为每代人必须对传统真理质疑。在这两者中，如何从广义上定义美德和形成美德，以及教育是否对这个形成过程有义务变得越来越不清晰。

对于这些认识论和本体论的变化，我提不出什么观点，但是我打算构建一下围绕美国高等教育的问题的复杂性。通过博雅教育传统达到最佳中学后教育的论断必须考虑这些方面，即在美国背景下，对于课程内容和教学过程这两个方面来说，传统的意义如同在浑水中一样不明确。它不是只指一件事，它从来也没有只指过一件事。

现在还有呼声号召高校回到古典博雅教育价值观中去。霍华德·加德纳一直充满激情地提出，教育要回归到真善美美德的人格教育中。[36]他的建议代表了演说家对文科传统的立场，在这种立场中，教学是建立在文化必须提供的最佳美德范例的研究上。通过这样的教育，人们就能够区分真假、美丑、好坏。加德纳认识到，美国社会多元文化的现实使得区分这些最佳美德范例变得复杂化了，但是他认为，为了塑造人的美德，我们是有可能而且必须做出这样的抉择。莫蒂默·阿德勒（Mortimer Adler）是另一个坦言赞成博雅教育的人，他断言，博雅教育不是职业学习，他甚至宣称"包括各种职业培训的教育绝对是滥用了学校的权力"。[37]

阿德勒做这番论断时，忽略了一个情况，即从一开始，博雅教育就是一种职业教育——使哲学家和演说家具备服务重大社会利益的能力。也许有人会反驳道，这些职业是社会中最崇高、最基本的职业，但是不管怎样，它们还是职业。当然，阿德勒所说的是反对美国高等教育中的功利和实用传统，他赞成为学习而学习的传统。如第三章中讲到的，在美国社会背景下，农业教育和工业教育一直存在于高校大门之外，高校重点工作是进行牧师、律师以及医生等知识型、高雅型职业的培训。这种隔离现象在1862年和1890年《莫里尔赠地法案》（*Morrill Land Grant Acts*）颁布后才开始发生变化。在农业经济和不断增长的工业经济要求的推动下,这项立法支持了中学后教育机构进行农业和机械方面的教学,最终为美国主流高等教育"引进了实用性、技术性、职业性更强的科目"。[38]但是,博雅目标和更广泛的实用职业培训目标几十年来还是一直不融洽。

美国高等教育中功利主义的呼声似乎吸引了赞成他们的实用主义哲学传统。约翰·杜威(John Dewey)充分表达出在民主社会里实用主义对教育的启示。杜威说道:社会效率是教育的主要目标。他认为,人离开了生存手段就无法生存下去,不能谋生的人肯定是其他人的累赘和寄生虫。在杜威看来,除了其他义务外,教育必须为人的职业打基础,必须使人具备独立生存的经济能力。[39]

如果这就是杜威教育观的完整内涵,有人也许会得出结论说,在这场关于真正的大学教育的争论中,新近出现的呼声是与这位教育巨人的观点相一致的。这些人中有波士顿瑞士第一信托公司(Credit Suisse First Boston)的高级产业分析者格里高里·卡普里(Gregory Cappelli)、华盛顿特区的道·路恩斯·艾伯逊公司(Dow, Lohnes & Albertson)的机构事务负责人迈克尔·戈尔德斯坦(Michael Goldstein)以及《大学商务》(University Business)杂志的主编吉弗里·吉蒂(Jeffrey Kittay),他们代表了华尔街、产业与市场的社会经济所关心的问题。他们弘扬了大学教育的功利主义价值观,这些价值观包括个人挣钱能力、国民生产能力、国际竞争能力。为了责任和市场反应利益,他们鼓励个人投资资本流入教育领域。

然而,杜威的社会效率的教育计划超过了个人经济自我实现的能力和职业培训的范围。杜威从广义上把人的职业理解成完全参与到多角色、多任务的社会活动中。他认为教育必须使人成为好公民,使人具备对经济和社会原则的良好的判断能力,使人具备面对快速变化的适应能力,使人具有灵活思维的能力,使人能够参与到社会规则和规范的变革中去。在民主背景下,教育的主要目标是在民主制度中的公民间反复灌输一种能力,即互相沟通、为了共同价值观和共同目标的发展而一起奋斗的能力,这些共同价值观和共同目标能够保证整个社会及其成员的平稳运转和成长。在与演说家的博雅传统立场保持一致时,杜威相信,教育必须使所有人参与到劝说术中，这主要不是为了劝说别人改变看法，而是为了建立一种差异理解关系，因为每个人都是根据自己最佳的理性做出决定和表达价值观，这自然会产生差异。

其实，高等教育的目的是一个复杂的问题。我们都是多种哲学观、多种教育传统以及不同实践行为的继承者，对此，我在前面已经讨论了很多。我们对知识的性质和目的、认识的过程、人类存在的意义以及社会存在的目的的各种假设，使我们理解了教育内容和实践行为的各种选择。

在本书中，我描述了高等教育领域中有关营利性大学的各种假设、内容和实践行为。我已经指出，非营利性教育机构根据高等教育中的这些新企业，就可以检验关于营利性大学的各种假设和实践行为。我也非常清楚营利性大学并不是每个方面都做得恰到好处。这些企业有得也有失。非营利性大学继续奉行一些古老的教育价值观，它们使我们想到一些重要的教育益处不能武断地用结果、经济或者其他手段来测量。我写这本书的初衷是为正在进行的美国高等教育领域的对话略尽绵薄之力，把我对高等教育的理解和经验呈现给那些为了个人和社会利益而献身于学习知识、分享知识的人类事业的人们。

注 释

第一章 一位营利性大学院长的自白

① J. Bear, "Diploma Mills," *University Business,* March 2000, 36.

② The story of the early history of the University of Phoenix was told by President Jorge de Alva at a session entitled "For-Profit and Non-Profit Higher Education" at the annual conference of the Council for Higher Education Accreditation, Washington, D.C., 26 January 2000.

③ All of the numerical data presented here on the for-profit, degree-granting institutions are based on the National Center for Education Statistics, Integrated Postsecondary Education Data System (IPEDS) reports, available at *http://nces.ed.gov/index.html*. I relied particularly on the "Fall Enrollment 1996" survey. The estimate of 750 for-profit campuses in 2000 is my own, based on projections from the IPEDS data.

④ Charles E. M. Kolb, "Accountability in Postsecondary Education," in *Financing Postsecondary Education: The Federal Role—October, 1995* (U.S. Department of Education, 1995), 1, available at *http://www.ed.gov/offices/OPE/PPI/FinPostSecEd/kolb.html*.

⑤ Ibid.

⑥ A. Krueger and S. Dale, "Estimating the Payoff to Attending a More Selective College: An Application of Selection on Observables and Unobservables," working paper W7289, National Bureau of Economic Research, August 1999. For a general overview of these kinds of studies, see B. Gose, "Measuring the Value of an Ivy Degree," *Chronicle of Higher Education,* 14 January 2000, A52–53.

⑦ John E. Sites, interview by author, Chicago, 31 March 2000.

⑧ See, for example, L. Lee, "Community Colleges and Proprietary Schools," *ERIC Digest,* September 1996, available at *http://www.ed.gov/databases/ERIC*.

⑨ D. Clowes and E. Hawthorne, eds., *Community Colleges and Proprietary Schools: Conflict or Convergence?* (Jossey-Bass, 1995), 19.

⑩ Sites, interview.

⑪ See K. Mangan, "For-profit Chains Don't Undercut Missions of Teaching Hospitals Study Finds," *Chronicle of Higher Education,* 17 March 2000, A42. The referenced study was conducted by David Blumenthal and Joel Weissman, of Harvard Medical School, and published in *Health Affairs,* March–April 2000).

⑫ B. Kimball, *Orators and Philosophers: A History of the Idea of Liberal Edu-*

cation, expanded ed. (College Entrance Examination Board, 1995).

⑬ J. Pelikan, *The Idea of the University: A Reexamination* (Yale University Press, 1992); B. Readings, *The University in Ruins* (Harvard University Press, 1996); B. Wilshire, *The Moral Collapse of the University* (State University of New York Press, 1990); G. Nelson and S. Watt, *Academic Keywords: A Devil's Dictionary for Higher Education* (Routledge, 1999).

⑭ Milton Freeman's statements about *tax-paying* versus *tax-avoiding* appear in L. Spencer, "The Perils of Socialized Higher Education," *Forbes*, 27 May 1991, 294.

⑮ National Center for Education Statistics, *Digest of Educational Statistics* (1995), available at *http://nces.ed.gov/index.html*.

⑯ See M. Green, *Transforming Higher Education: Views from Leaders Around the World* (American Council on Higher Education, Oryx Press, 1997), 40–41.

⑰ Scott Cowen, "Leadership, Shared Governance, and the Change Imperative" (presentation at the Eighth American Association of Higher Education [AAHE] Conference on Faculty Roles and Rewards, New Orleans, La., 5 February 2000).

⑱ Ibid.

⑲ This view of liberal education is advanced by Mortimer J. Adler in *Reforming Education: The Opening of the American Mind* (Westview, 1977), 96–116.

⑳ "Why Is Research the Rule? The Impact of Incentive Systems on Faculty Behavior," The Landscape, *Change*, March–April 2000, 56.

㉑ Jorge de Alva, "Remaking the Academy in the Age of Information," *Issues in Science and Technology* 16 (winter 1999–2000): 54.

㉒ James Traub, "Drive-Thru U: Higher Education for People Who Mean Business," *New Yorker*, 20 and 27 October 1977.

第二章 玩家们

① R. Phipps et al., *Students at Private, For-Profit Institutions*, U.S. Department of Education, National Center for Education Statistics, Postsecondary Education Descriptive Analysis Report NCES 2000-175 (November 1999).

② L. Horn and D. Carroll, *Nontraditional Undergraduates: Trends in Enrollment from 1986 to 1992 and Persistence and Attainment among 1989–90 Beginning Postsecondary Students*, U.S. Department of Education, National Center for Education Statistics, Statistical Analysis Report NCES 97-578 (November 1996).

③ Ibid., 55. All of the NCES data reported here are from this report, pp. 51–55.

④ "Proprietary Preference: For-Profit Colleges Gain Momentum in Producing Graduates of Color," *Black Issues in Higher Education* 15 (9 July 1998): 30.

⑤ S. Choy and L. Bobbitt, *Low-Income Students: Who They Are and How They Pay for Their Education*, U.S. Department of Education, National Center for Higher Education Statistics, Statistical Analysis Report NCES 2000-169 (2000).

⑥ All of the quoted statements from president Stacey Sauchek were obtained during an interview by the author at the campus of the Art Institute of Philadelphia, 17 February 2000.

⑦ Michael Markovitz, "Letter to Our Shareholders," in the *Argosy Education Group, Inc., Annual Report, 1999* (December 1999), 4.

⑧ All of the comments by Eli Schwartz were obtained during an interview by the author, Chicago, 31 March 2000.

⑨ G. Blumenstyk, "Turning a Profit by Turning Out Professionals," *Chronicle of Higher Education,* 7 January 2000, A46.

⑩ John Shufold, interview by author, White Marsh, Md., 24 March 2000.

⑪ Harry Wilkins, interview by author, Jessup, Md., 24 March 2000.

⑫ Arthur Padilla, "The University of Phoenix, Inc.," *On the Horizon* 7 (July–August 1999). For other informative essays about the University of Phoenix, I recommend D. Stamps, "The For-Profit Future of Higher Education," *Training,* August 1988, 23–30; James Traub, "Drive-Thru U: Higher Education for People Who Mean Business," *New Yorker,* 20 and 27 October 1977; and M. Fischetti et al., "Education?" *University Business,* March–April 1998, 45–51. Also of interest is J. Sperling and R. W. Tucker, *For-Profit Higher Education: Developing a World-Class Workforce* (Transaction, 1997).

⑬ Fischetti et al., "Education?" 47.

⑭ Sperling and Tucker, *For-Profit Higher Education,* 51.

⑮ Padilla, "University of Phoenix, Inc.," 6.

⑯ Fischetti et al., "Education?" 50.

⑰ All of the quotations in this section from Jorge de Alva are from his presentation entitled "For-Profit and Non-Profit Higher Education," at the annual conference of the Council for Higher Education Accreditation, Washington, D.C., 26 January 2000.

⑱ Sperling and Tucker, *For-Profit Higher Education,* 1.

第三章 美国营利性教育发展史

① C. M. Woodward, *The Manual Training School* (D. C. Heath & Co., 1887), 244, reprinted in the series American Education: Its Men, Ideas, and Institutions, ed. N. M. Butler (Arno Press and New York Times, 1969). This series provides source data on the early development of education in the United States. I relied heavily on these studies in tracing the origins of for-profit higher education. The

② Ibid., 245.

③ Robert F. Seybolt, *The Evening School in Colonial America* (University of Illinois, Urbana, Bureau of Educational Research, 1925), 9, reprinted in the series American Education: Its Men, Ideas, and Institutions, ed. N. M. Butler (Arno Press and New York Times, 1969).

④ Robert F. Seybolt, *Source Studies in American Colonial Education: The Private School* (University of Illinois, Urbana, Bureau of Educational Research, 1925), 100, reprinted in the series American Education: Its Men, Ideas, and Institutions, ed. N. M. Butler (Arno Press and New York Times, 1969).

⑤ Ibid., 9–34. French was considered "polite and necessary." Italian was taught in New York City as early as 1755. Spanish and Portuguese were especially important to the large trade with the West Indies and South America.

⑥ Lawrence A. Cremin, *American Education: The Colonial Experience, 1607–1783* (Harper & Row, 1970). The companion volume is *American Education: The National Experience, 1783–1876* (Harper & Row, 1980).

⑦ Cremin, *American Education: The Colonial Experience*, 266, 401.
⑧ A. H. Smyth, "Observations Relative to the Intentions of the Original Founders of the Academy in Philadelphia," in *The Writings of Benjamin Franklin*, ed. Smyth, 10 vols. (Macmillan, 1905–7), 10:30, cited in Cremin, *American Education: The Colonial Experience*, 403.
⑨ Seybolt, *Source Studies in American Education*, 35.
⑩ Cremin, *American Education: The Colonial Experience*, 375.
⑪ For several examples of the interweaving of church and state, see M. O'Neill, *The Third America: The Emergence of the Non-Profit Sector in the United States* (Jossey-Bass, 1989), 24.
⑫ Ibid., 24, 54–55.
⑬ Cremin, *American Education: The Colonial Experience*, 178.
⑭ A. C. Bolino, *Career Education: Contributions to Economic Growth* (Praeger, 1973), 18–23. This book traces the history and development of private career schools in America up to the early 1970s.
⑮ Ibid., 21.
⑯ Ibid., 22–25. See also C. A. Anderson and M. J. Bowman, eds., *Education and Economic Development* (Aldine, 1965), 137.
⑰ Edmund J. James, "Commercial Education," in *Monographs on Education in the United States*, ed. N. M. Butler, Department of Education for the United States Commission to the Paris Exposition of 1900 (J. B. Lyon, 1900), 5, reprinted in the series American Education: its Men, Ideas, and Institutions, ed. N. M. Butler (Arno Press and New York Times, 1969).
⑱ Cremin, *American Education: The National Experience*, 276–78.
⑲ The perceived political need to secure a small social elite against the rising popularity of Jacksonian egalitarianism is well documented. See L. Vesey, "Stability and Experiment in the American Undergraduate Curriculum," in *Content and Context: Essays on College Education, A Report Prepared for the Carnegie Commission on Higher Education*, ed. C. Kaysen (McGraw-Hill, 1973), 2–10.
⑳ Cremin, *American Education: The Colonial Experience*, 397.
㉑ Charles W. Dabney, "Agricultural Education," in Butler, *Monographs on Education in the United States*, 602.
㉒ Bolino, *Career Education*, 39.
㉓ Ibid., 606.
㉔ Ibid., 606.
㉕ For several examples see Butler, *Monographs on Education in the United States*.
㉖ Cremin, *American Education: The National Experience*, 219.
㉗ Ibid., 218–45.
㉘ See Robert F. Seybolt, "The Education of Girls in Colonial America," in *Source Studies in American Colonial Education*, 69–82.
㉙ Ibid., 72.
㉚ Booker T. Washington, "Education of the Negro," in Butler, *Monographs on Education in the United States*, 895–936.
㉛ Cremin, *American Education: The National Experience*, 235–38.

㉜ Ibid., 239.

㉝ W. N. Hailmann, "Education of the Indian," in Butler, *Monographs on Education in the United States*, 939–72.

㉞ E. E. Allen, "Education of Defectives," in ibid., 771–819.

㉟ Seybolt, *Evening Schools in Colonial America*, 59.

㊱ See, for example, the series American Education: Its Men, Ideas, and Institutions, ed. N. M. Butler.

㊲ M. P. Garber, "Wall Street Ph.D.," *National Review*, 30 September 1996, 57.

㊳ S. Barbett and R. A. Korb, "Current Funds Revenues and Expenditures of Degree-Granting Institutions: Fiscal Year 1996," U.S. Department of Education, National Center for Education Statistics, Integrated Postsecondary Education Data System Finance Survey, NCES Report 1999-161 (1999), 1.

㊴ Robert L. Craig, managing director, EVEREN Securities, Inc., interview in *The Wall Street Transcript: Special Focus, The Education Industry*, 26 April 1999, 28. Analysts at EVEREN have created an education industry index comprising 73 publicly traded companies, of which 16 are for-profit postsecondary institutions.

㊵ Merrill Lynch, *In-Depth Report: The Book of Knowledge, Investing in the Growing Education and Training Industry*, Report 1268 (9 April 1999), 5.

㊶ Jerry R. Herman, managing director, EVEREN Securities, Inc., interview in *Wall Street Transcript: Special Focus*, 31.

㊷ Gary Kerber, interview by Bill Griffeth, anchor of CNBC Power Lunch, 26 May 1999, transcribed from CNBC/Dow Jones Business Video, *Power Lunch, Quest Education, Chairman and CEO Interview (May 26, 1999)*.

㊸ Quest Education Corporation, *Annual Report* (June 29, 1999), 4, available at *www.edgar-online.com*.

㊹ Corinthian Schools, Inc., press release, 4 April 2000, available at *www.biz.yahoo.com/prnews*.

㊺ See J. M. McLaughlin, ed., *The Education Industry Report: News and Commentary on the Education Industry* (The Education Industry Group, July 1999), available at *www.edindustry.com*.

㊻ This prediction of 25 percent of the market is my own.

㊼ Michael Heise, quoted in Garber, "Wall Street Ph.D."

㊽ See, for example, D. Gross, "Not for Profit? Not Exactly," *University Business*, April 1999, 31–36.

㊾ James Duderstadt, "Revolutionary Changes: Understanding the Challenges and the Possibilities," *Business Officer* (National Association of College and University Business Officers) July 1997, 7, available at *www.nacubo.org*.

㊿ For a comprehensive discussion of the business of higher education from the perspective of leading industry analysts, see *Wall Street Transcript: Special Focus*.

(51) See M. Ankrum, "Roundtable Forum on the Education Industry," in ibid., 13.

(52) Ibid., 20.

(53) G. W. Cappelli, "Roundtable Forum on the Education Industry," in *Wall Street Transcript: Special Focus*, 4.

(54) J. Sperling and R. W. Tucker, *For-Profit Higher Education: Developing a*

World-Class Workforce (Transaction, 1997), 2.

(55) James Traub, "Drive-Thru U: Higher Education for People Who Mean Business," *New Yorker,* 20 and 27 October 1997.

(56) J. Ruark, "Venerable College Board Announces For-Profit Internet Venture," *Chronicle of Higher Education,* 27 September 1999, available at *www.chronicle.com/daily.*

(57) Edward O'Neil, quoted in "Not-So-Distant Competitors: Readers React," *AAHE Bulletin* (May 1998), available at *www.aahe.org/bulletin.*

(58) Scott Cowen, "Role Models for a Changing World," *The Presidency* 2 (spring 1999): 24.

(59) "Proprietary Preference: For-Profit Colleges Gain Momentum in Producing Graduates of Color," *Black Issues in Higher Education* 15 (9 July 1998): 30.

(60) Claude M. Steele, "Race and the Schooling of Black Americans," *Atlantic Monthly,* April 1992; idem, "Thin Ice: 'Stereotype Threat' and Black College Students," ibid., August 1999.

(61) These quotations from students were presented at "Dealing with the Invisible Barriers in the Classroom," a DeVry faculty symposium held in Red Bank, New Jersey, on 22 October 1999.

(62) See M. Soliday, "Symposium: English 1999, Class Dismissed," *College English* 61 (July 1999).

第四章 营利性高等教育的财政状况

①For a discussion of the economic theory and econometric modeling in higher-education financing, see D. S. P. Hopkins and W. F. Massy, *Planning Models for Colleges and Universities* (Stanford University Press, 1981); and W. F. Massy, ed., *Resource Allocation in Higher Education* (University of Michigan Press, 1996).

②Robert L. Lenington, *Managing Higher Education as a Business* (American Council on Education, Oryx Press, 1996), x.

③ Peter T. Ewell, "Imitation as Art: Borrowed Management Techniques in

④Daniel J. Julius, "Case Studies from the Floor: Getting Down to Brass Tacks" (presentation at the "Market-Driven Higher Education" conference, hosted by *University Business* magazine, New York City, 7 October 1999).

⑤Ewell, "Imitation as Art," 14–15.

⑥Ibid., 15.

⑦See G. W. Cappelli, "Post-Secondary Education Stocks," in *Wall Street Transcript, Analyst Interview,* 15 November 1999, 2.

⑧Ibid., 2–4.

⑨M. Van Der Werf, "The Precarious Balancing Act of Small Liberal Arts Colleges," *Chronicle of Higher Education,* 30 July 1999, A32–33.

⑩ D. J. Julius, J. V. Baldridge, and J. Pfeffer, "A Memo from Machiavelli," *Journal of Higher Education,* March–April 1999.

⑪ D. Franecki, "Matters of Degree," *Wall Street Journal,* 29 November 1999, R17.

⑫ Mathew Miller, "$140,000—And a Bargain," *New York Times Magazine,* 13 June 1999, 48–49.

⑬ Ibid., 49.

⑭ For an analysis of the lack of adequate costing practices in traditional higher education, see Lenington, *Managing Higher Education as a Business,* 56–66.

⑮ J. F. Carlin, "Restoring Sanity to an Academic World Gone Mad," *Chronicle of Higher Education,* 5 November 1999, A76.

⑯ Frederick E. Balderston, *Managing Today's University: Strategies for Viability, Change, and Excellence,* 2nd ed. (Jossey-Bass, 1995), 155.

⑰ Mark Da Cunha, "Profit," *www.captalism.org.*

⑱ Lenington, *Managing Higher Education as a Business,* 164.

⑲ B. Gose, "Surge in Continuing Education Brings Profits for Universities," *Chronicle of Higher Education,* 19 February 1999.

⑳ See the interview with Milton Friedman in L. Spencer, "The Perils of Socialized Higher Education," *Forbes,* 27 May 1991, 294.

㉑ Lenington, *Managing Higher Education as a Business,* 8.

㉒ Balderston, *Managing Today's University,* 163.

㉓ Charles E. M. Kolb, "Accountability in Postsecondary Education," in *Financing Postsecondary Education: The Federal Role—October 1995* (U.S. Department of Education, 1995), available at *www.ed.gov/offices/OPE/PPI/FinPostSecEd.*

㉔ Benno C. Schmidt Jr., "The View from Both Sides of the Fence" (presentation at the "Market-Driven Higher Education" conference, hosted by *University Business* magazine, New York City, 7 October 1999). Additional parts of his story were provided during an informal conversation with the author on the same date.

㉕ Ibid.

㉖ Merrill Lynch, *In-Depth Report: The Book of Knowledge, Investing in the Growing Education and Training Industry,* Report 1268 (9 April 1999), 65.

㉗ Howard Gardner, *The Disciplined Mind: What Every Student Should Understand* (Simon & Schuster, 1999), 15–22.

㉘ Annual Report, Educational Management Corporation, 26, available at *www.biz.yahoo.com/edmc.*

㉙ The annual *Almanac* edition of the *Chronicle of Higher Education* provides comparative data on the relationship between the rate of inflation and the price of tuition. For an interesting commentary see Miller, "$140,000—And a Bargain."

㉚ William W. Jellema, *From Red to Black?* (Jossey-Bass, 1973), 88–138.

㉛ Company financial statements, summarized in Smith Barney, *Education Industry: Investments for a Knowledge-Based Economy,* equity research report SF05E162 (May 1997).

㉜ Jellema, *From Red to Black?* 124.

㉝ Smith Barney, *Education Industry,* 42–123.

㉞ A number of investment houses, notably Merrill Lynch, Banc of America, and Smith Barney, have reported figures in this range. The figures quoted here are from a presentation by Michael Eleey, of Communications Equity Associates, at the "Market-Driven Higher Education" conference, hosted by *University Business* magazine, New York City, 7 October 1999.

㉟ Smith Barney, *Education Industry,* 1.

㊱ For a more detailed analysis of Apollo's new campus start-up strategies, see

H. Block, ed., *The E-Bang Theory,* Illuminoso Volume 2, Banc of America Securities, Education Industry Overview (September 1999), 165–76.

㊲ Ibid., 172.

㊳ D. Goodwin, *Beyond Defaults: Indicators of Accessing Proprietary School Quality* (report prepared for the U.S. Department of Education, Planning and Evaluation Service, Office of the Under Secretary, August 1991), 3. See also M. A. Schenet, *Proprietary Schools: The Regulatory Structure* (Congressional Research Service, Library of Congress, 31 August 1990).

㊴ Ibid., 16.

第五章 营利性大学的学术文化

① Jonathan Fife, introduction to *Proprietary Schools: Programs, Policies, and Prospects,* by J. B. Lee and J. P. Merisotis, ASHE-ERIC Higher Education Report No. 5 (George Washington University, 1990).

② Edmund J. James, "Commercial Education," in *Monographs on Education in the United States,* ed. N. M. Butler, Department of Education for the United States Commission to the Paris Exposition of 1900 (J. B. Lyon, 1900), 657, 661.

③ Educational Policies Commission of the National Educational Association and the American Association of School Administrators, *The Structure and Administration of Education in American Democracy* (1938), 23, reported in J. W. Miller, *A Critical Analysis of the Organization, Administration, and Function of the Private Business Schools of the United States* (South-Western, 1938), 4.

④ H. A. Tonne, "Private Schools Not a Phase of Our Educational System," *Journal of Business Education* 14 (November 1938): 7.

⑤ Scott Cowen, "Leadership, Shared Governance, and the Change Imperative" (presentation at the Eighth AAHE Conference on Faculty Roles and Rewards, New Orleans, La., 5 February 2000).

⑥ W. H. Bergquest, *The Four Cultures of the Academy* (Jossey-Bass, 1992). Of the four basic types in Bergquest's scheme—collegial, managerial, developmental, and negotiating—the managerial type comes the closest to describing the culture of the for-profits.

⑦ See James Duderstadt, "Revolutionary Changes: Understanding the Challenges and the Possibilities," *Business Officer* (National Association of College and University Business Officers), July 1997, 8, available at *www.nacubo.org*.

⑧ Eli Schwartz, interview by author, Chicago, 31 March 2000.

⑨ See the current business profile of the Apollo Group, Inc., including quarterly and annual reports, at *http://biz.yahoo.com*.

⑩ An academic dean at one of the for-profits, conversation with author, December 1999.

⑪ James S. Coleman, "The University and Society's New Demands Upon It," in *Content and Context: Essays on College Education, A Report Prepared for the Carnegie Commission on Higher Education,* ed. C. Kaysen (McGraw-Hill, 1973), 397.

⑫ Academic dean at one of the for-profits, conversation with author, December 1999.

⑬ Peter C. Magrath, "Eliminating Tenure Without Destroying Academic Freedom," *Chronicle of Higher Education,* 28 February 1997, A60.

⑭ Richard Chait, "The Future of Tenure," *AGB Priorities* 1 (spring 1995); idem, "New Pathways: Faculty Careers and Employment in the 21st Century," AAHE, New Pathways Working Paper Series (March 1997); idem, "Rethinking Tenure: Toward New Templates for Academic Employment," *Harvard Magazine,* July–August 1997.

⑮ Lennard Davis, "The Uses of Fear and Envy in Academe," *Chronicle of Higher Education,* 11 June 1999, B8.

⑯ The proposition that the real problem with tenure is bad hiring decisions in the first place has recently been articulated by G. Nelson and S. Watt in *Academic Keywords: A Devil's Dictionary for Higher Education* (Routledge, 1999), 298.

⑰ "Academic Freedom," *New York Times,* Sunday, 15 June 1915, 1.

⑱ A. B. Wolfe, "The Graduate School, Faculty Responsibility, and the Training of University Teachers," *School and Society* 4, no. 90 (1916): 4.

⑲ See P. G. Altbach, "Harsh Realities: The Professorate Faces a New Century," in *American Higher Education in the 21st Century,* ed. P. G. Altbach et al. (Johns Hopkins University Press, 1999), 289.

⑳ American Association of University Professors, *Policy Documents and Reports* (1995), 3–10.

㉑ For a discussion of the modern university's loss of its communal identity, see Coleman, "The University and Society's New Demands Upon It."

㉒ *Academic Policy Manual,* DeVry, Inc., effective 9 March 1998.

㉓ Ibid.

㉔ Many studies of grade inflation apparently bear similar results. See T. Sowell, "A Gentleman's 'A,'" *Forbes,* 4 July 1994, 82.

㉕ Rider University administrator, conversation with author, 26 July 1999.

㉖ See E. Watson, "College Grade Inflation Getting Out of Hand," *Headway* 9 (May 1997): 27.

㉗ Information on the Noel-Levitz Student Satisfaction Inventory is available at *www.info@noellevitz.com*.

第六章 营利性大学的经验教训

① G. Keller, "The Emerging Third State in Higher Education Planning," *Planning for Higher Education* 28 (winter 1999–2000): 3.

② National Center for Education Statistics, "Education and the Economy: An Indicators Report," NCES 97-939 (March 1997), available at *www.nces.ed.gov. pubs97.*

③ Ibid., 4–5.

④ These figures are projections based on the IPEDS "Fall Enrollment 1996" survey.

⑤ G. Blumenstyk, "Turning a Profit by Turning Out Professionals," *Chronicle of Higher Education,* 7 January 2000, A46.

⑥ "The American Freshman: National Norms for the Fall 1999," Higher Education Research Institute, University of California at Los Angeles, Graduate School of Education and Information Studies, available at *www.gseis.ucla.edu/heri/heri/html*. The results mentioned were summarized in the *Chronicle of Higher Education*, 28 January 2000, A49–52.

⑦ For a general overview of these kinds of studies, see B. Gose, "Measuring the Value of an Ivy Degree," *Chronicle of Higher Education*, 14 January 2000, A52–53.

⑧ A. Krueger and S. Dale, "Estimating the Payoff to Attending a More Selective College: An Application of Selection on Observables and Unobservables," working paper W7289, National Bureau of Economic Research, August 1999.

⑨ Roseann Runte, "How to Succeed in Academe: A Question of Degrees," *Chronicle of Higher Education*, 8 January 2000, B8.

⑩ Jorge de Alva, "For-Profit and Non-Profit Higher Education" (presentation at the annual conference of the Council for Higher Education Accreditation, Washington, D.C., 26 January 2000).

⑪ Judith Eaton, *Core Academic Values, Quality, and Regional Accreditation: The Challenge of Distance Learning*, CHEA Monograph Series 2000, 1.

⑫ Ibid.

⑬ Patricia McGuire, "For-Profit and Non-Profit Higher Education" (presentation at the annual conference of the Council for Higher Education Accreditation, Washington, D.C., 26 January 2000).

⑭ See A. McGuinness Jr., "The States and Higher Education," in *Higher Education in the 21st Century*, ed. P. G. Altbach et al. (Johns Hopkins University Press, 1999), 183–84.

⑮ Zachary Karabell, *What's College For? The Struggle to Define American Higher Education* (Basic Books, 1998), 237.

⑯ De Alva, "For-Profit and Non-Profit Higher Education."

⑰ John Sperling, quoted in D. Stamps, "The For-Profit Future of Higher Education," *Training*, August 1998, 25.

⑱ Karabell, *What's College For?* xi.

⑲ Ibid., x.

⑳ See, for example, P. G. Altbach, "Harsh Realities: The Professorate Faces a New Century," in Altbach et al., *American Higher Education in the 21st Century*; and Frederick E. Balderston, *Managing Today's University: Strategies for Viability, Change, and Excellence*, 2nd ed. (Jossey-Bass, 1995).

㉑ McGuinness, "The States and Higher Education," 183.

㉒ William Tierney, *Building the Responsive Campus: Creating High Performance Colleges and Universities* (Sage, 1999), 75–97.

㉓ Patricia Gumport and Marc Chun, "Technology in Higher Education," in Altbach et al., *American Higher Education in the 21st Century*, 389.

㉔ Scott Cowen, "Leadership, Shared Governance, and the Change Imperative" (presentation at the Eighth AAHE Conference on Faculty Roles and Rewards, New Orleans, La., 5 February 2000).

㉕ R. Geiger, "The Ten Generations of American Higher Education," in Altbach et al., *American Higher Education in the 21st Century*, 64.

㉖ Jorge de Alva, "Remaking the Academy in the Age of Information," *Issues* in *Science and Technology* 16 (winter 1999–2000): 52.

㉗ These market-share penetration figures were reported by Merrill Lynch in *In-Depth Report: The Book of Knowledge, Investing in the Growing Education and Training Industry,* Report 1268 (9 April 1999), 44. The figures originally appeared in a study by the Miliken Institute.

㉘ Michael McPherson, "Balancing Competing Values: The Market and the Mission," *The Presidency* 2 (spring 1999): 27.

㉙ Merrill Lynch, *In-Depth Report,* 49.

㉚ Michael B. Goldstein, head of the Educational Institutions, Public Policy, and Government Relations practice at Dow, Lohnes & Albertson, Washington, D.C., interview by author, 25 January 2000.

㉛ Daniel Julius, "Case Studies from the Floor: Getting Down to Brass Tacks" (presentation at the "Market-Driven Higher Education" conference, hosted by *University Business* magazine, New York City, 7 October 1999).

㉜ Ibid.

㉝ For invaluable help in framing this analysis I am indebted to Renee S. House, "The Inevitable Richness of Knowing" (doctoral seminar paper, Princeton Theological Seminary, fall 1999).

㉞ B. Kimball, *Orators and Philosophers: A History of the Idea of Liberal Education,* expanded ed. (College Entrance Examination Board, 1995).

㉟ Ibid., ch. 5.

㊱ Howard Gardner, *The Disciplined Mind: What All Students Should Understand* (Simon & Schuster, 1999).

㊲ Mortimer J. Adler, *Reforming Education: The Opening of the American Mind* (Westview, 1977), 105.

㊳ Kimball, *Orators and Philosophers,* 181.

㊴ J. Dewey, *Democracy and Education: An Introduction to the Philosophy of Education* (Macmillan, 1920), 139.

英汉译名对照

academic calendars 校历

academic deans, roles of 院长角色

academic disciplines, traditional 传统学科

academic freedom 学术自由

Academic Keywords 《学术关键词》

academic respectability 学术声誉

academics, balancing with business 商业和学术的平衡

academic voice at top 高层的学术声音

accountability 责任

accreditation 认证

acquisitions 收购

adjunct faculty use 聘用兼职教师

Adler, Mortimer 莫蒂默·阿德勒

administrative freedom 管理自由

admissions policies 入学政策

admissions staff, as sales force 作为推销力量的招生工作人员

adult students 成人学生

advising, academic 学习咨询

African Americans 非裔美国人

age ranges, students 学生年龄层次

agricultural education 农业教育

altruism 利他主义

American Association of University Professors 美国大学教师协会

American Business and Fashion Institute 美国商业时装学院

American Educational Products　美国教育产品公司
American Psychological Association　美国心理学会
American Schools of Professional Psychology　美国职业心理学校
Apollo Group, Inc　阿波罗集团公司
apprenticeship system　学徒制度
Argosy Education Group　阿格西教育集团
Art Institute of Philadelphia　费城艺术学院
Art Institutes International　国际艺术学院
Association of American Colleges　美国高校协会
at-risk youth management companies　问题青年管理公司
attrition rates　减少率
Balderston, Frederick　弗雷德里克·鲍德斯顿
Bassist College　巴西斯特学院
Becker Conviser CPA Review　贝克肯瓦瑟会计师考试复习中心
Bergquest, W. H.　伯格奎斯特
Berlitz International　贝力子国际系统
blind people, opening education to　盲人教育
Bolino, Arthur　阿瑟·博力诺
Brainerd, David　大卫·布雷那德
Brainerd Mission　布雷那德教会学校
brand identity　品牌身份
Bright Horizons Family Solutions　光明前景家庭方案
Brownell, George　乔治·布奈尔
Bryant and Stratton business schools　布莱恩特和斯特拉顿连锁商业学校
budget-approval processes　预算决定过程
business, balancing with academics　商务和学术的平衡
calendars, academic　校历
Caliber Learning Network　凯里伯学习网络
campus additions　增加分校
campuses, for-profit players　营利性玩家的分校
Cappelli, Gregory　格里高里·卡普里
career counseling　职业咨询
career education　职业教育
Career Education company　职业教育公司
career launching　创业能力

career placement   就业情况

career placement rates. See placement rates   就业率

Chait, Richard   理查德·海特

CHI Institute（Pennsylvania）   宾夕法尼亚州的 CHI 学院

Chun, Marc   马克·春

churches   教会

clandestine schools   地下学校

classical college   传统高校

classrooms   教室

class sizes   班级大小

Coleman, James   詹姆斯·科尔曼

College Board, for-profit venture   大学委员会，盈利性企业

college degree, value of   大学学位价值

College for Financial Planning   财务计划学院

colonial America, education in   美洲殖民时期的教育

Columbia University   哥伦比亚大学

community colleges   社区大学

commuter students   走读学生

comprehensive university concept   综合性大学观

conspiracy allegations   欺诈阴谋指控

Corinthian Colleges, Inc   科林斯恩高等教育公司

corporate universities   公司大学

cost strategies   成本策略

Cowen, Scott S.   斯科特·科文

Cremin, Lawrence   劳伦斯·克莱明

curricula   教学大纲

customer orientation   面向顾客服务

customer retention   顾客保持率

customer service   教育服务水平

Dabney, Charles   查尔斯·达伯尼

Da Cunha, Mark   马克·达·昆哈

Davis, Lennard   伦纳德·戴维斯

deaf people, opening education to   聋哑人的教育

de Alva, Jorge   乔治·德·艾尔瓦

deans, roles of   院长角色

·181·

decision-making processes 决策过程
degree, value of 学位价值
Denver Technical College 丹佛技术学院
Department of Education 教育部
detention centers 感化中心
DeVry, Herman 赫尔曼·德夫里
DeVry, Inc 德夫里公司
DeVry Institutes of Technology 德夫里技术学院
Dewey, John 约翰·杜威
diploma mills 文凭作坊
discipline-driven model 学科导向模式
distance learning 远程教育
distinctions, for-profits/non-profits 营利性学校和非营利性学校的差异
doctoral programs 博士课程
donor/investor distinction 捐资人和投资人区别
"Drive-Thru U" (Traub) 速成高等教育
Duderstadt, James 詹姆斯·杜德斯达
earning-power argument 挣钱能力争议
Eaton, Judith 朱迪斯·伊顿
economical management disincentive 节约管理产生的阻碍作用
economies of scale 规模经济
Edison Project 爱迪生工程
education 教育
educational management organizations 教育管理机构
educational product providers 教育产品公司
educational quality 教育质量
educational service organizations 教育服务机构
Education Industry Group 教育产业集团
Education Management Corporation 教育管理公司
Education of the Negro 《黑人教育》
EI Index 教育产业索引
elementary schools 小学
employability, public expectations 受雇就业能力
employee ownership 雇员对公司的所有权
employers, demands of 雇主需求

endowments 捐赠
enrollments 招生
entering class sizes 开班人数
Ewell, Peter 彼得·尤厄尔
excess revenue 超额收入
expenditures 开支
extracurricular activities 课外活动
faculty 教师
failure rates 不及格率
female enrollment 女生入学情况
Fife, Jonathan 乔纳森·菲弗
finances 财务
financial performance 财务业绩
for-profit institutions 营利性机构
Four Cultures of the Academy 《高等教育的四种文化》
Franklin, Benjamin 富兰克林·本杰明
fraud allegations 欺诈
freedom of speech, in classroom 课堂上的言论自由
Friedman, Milton 米尔顿·弗里德曼
funding. See finances; revenues 资金
fund-raising activities 集资活动
Gallaudet, Edward M 爱德华·盖劳德
Gallaudet, Thomas Hopkins 托马斯·霍普金斯·盖劳德
Gallaudet University 盖劳德大学
Gardner, Howard 霍华德·加德纳
general administrative expenses 一般行政管理费用
Georgia Medical Institute 佐治亚医学院
Gerber, Gary 加里·杰伯
Ginsberg, Allen 阿伦·金斯伯格
Goldstein, Michael 迈克尔·戈尔德斯坦
governance, shared 共同管理
government subsidies 政府补贴
grade distributions 成绩分布
graduate education, in psychology 心理学研究生教育
greed 贪婪

Gumport, Patricia 帕特丽夏·加姆波特

Harvard College 哈佛学院

Harvard University, profits of 哈佛大学利润

Haskell Indian Nations University 哈斯克尔印第安民族大学

Haskell Institute (Lawrence, Kansas) 哈斯克尔学院

heath-care industry parallel 卫生保健产业

Heise, Michael 迈克尔·海瑟

Hesser College (New Hampshire) 海瑟学院（新罕布什尔州）

higher education 高等教育

Higher Education Research Institute survey 高等教育研究院调查

Idea of the University 《大学理念》

Illinois School of Professional Psychology 伊利诺伊职业心理学校

industry advisory boards 产业顾问理事会

industry trend tracking 产业动向

initial public offerings 首次公开销售股票

inputs, quality of 投入质量

Institute for Professional Development 职业开发学院

institutional growth 机构增长

Integrated Postsecondary Education Data System 中学后教育综合数据

investment 投资

investor/donor distinction 投资者/捐赠者的区别

ITC Learning Corporation 学习公司

ITT Educational Services 教育服务

James, Edmund 埃德蒙德·詹姆斯

Jellema, William 威廉·杰勒玛

job-placement services 就业服务

John Marshall Law School 约翰·马歇尔法学院

Julius, Daniel 丹尼尔·朱利叶斯

juvenile institutions 青少年管教所

Karabell, Zachary 赞彻里·卡拉贝尔

Keller, Dennis 丹尼斯·凯勒

Keller Graduate School of Management 凯勒管理研究生院

Kendall, Amos 阿摩斯·肯德尔

killer courses 杀手课程

Kimball, Bruce 布鲁斯·基姆保尔

Kittay, Jeffrey 吉弗里·吉蒂
knowledge 知识
Kolb, Charles 查尔斯·科尔伯
K-12 public education 美国 K-12 公立教育
land-grant colleges 赠地大学
learning, application of 学习申请
Learning: The Treasure Within 《知识：内在的价值》
legislation 立法
Lenington, Robert 罗伯特·莱宁顿
Levine, Arthur 阿瑟·莱文
liberal arts tradition 文科传统
liberal free ideal 文科自由理想
libraries 图书馆
literature 文学/文献
litigation 诉讼
loan default rates 贷款违约率
Magrath, Peter 彼得·马格拉斯
management 管理
management by objectives 目标管理
Managing Higher Education as a Business 《作为企业的高等教育管理》
Managing Today's University 《当代大学管理》
Manual Training School 《手工培训学校》
marginalized people, education for 边缘人的教育
marketing strategies 营销策略
marketplace 市场
market research 市场调查
Markovitz, Michael 迈克尔·马科维兹
Massachusetts Communications College 马萨诸塞通信学院
McGuire, Patricia 帕特丽夏·迈克圭尔
McPherson, Michael 迈克尔·马克菲森
Medical Institute of Minnesota 明尼苏达医学院
Michigan State University 密歇根州立大学
Miller, Mathew 马修·米勒
minorities 少数民族
mission statements 学院宗旨

Moore, David 大卫·莫尔
Moral Collapse of the University 《大学道德的崩溃》
Morningside Ventures 莫宁塞德科技投资公司
Morrill Land Grant Acts 《莫里尔赠地法案》
National Center for Education Statistics 全国高等教育统计中心
National Center for Paralegal Training 全国法律助理培训中心
National Deaf Mute College 全国聋哑学院
National Educational Association 全国教育协会
National Technological University 全国技术大学
Native Americans 印第安人
Nelson, G 纳尔逊
New York Restaurant School 纽约餐饮学校
New York University, School for Continuing Studies 纽约大学继续教育学院
Nobel Learning Centers 诺贝尔学习中心
Noel-Levitz Student Satisfaction Inventory 全国诺尔—莱维兹学生满意情况记录活动
nomenclature prestige 命名声誉
non-profit institutions 非营利性高校
occupational training 职业培训
Oneida Institute 欧内达学院
O'Neil, Edward 爱德华·奥尼尔
online libraries 网络图书馆
online universities 网络大学
operating efficiencies 操作效率
organizational structure, adapting 适应组织结构
outcomes assessment 结果评估
outcomes, quality of 产出质量
oversight 疏忽
Pace University 佩斯大学
Padilla, Arthur 阿瑟·帕笛拉
pecking order mythology 排名神话
peer advising 同龄人咨询
Pelikan, Jaroslav 贾罗斯拉夫·佩里肯
P/E ratios, for-profits 价格/收入比率
personal counseling 个人咨询
placement rates 就业率

political correctness 政治惩戒
power 权力
pragmatic education 实用教育
prestige motive 声誉动机
price/earnings/growth, for-profits 价格/收入/增长比率
pricing strategies 定价策略
Prime-Tech Institute 普莱姆技术学院
Princeton University 普林斯顿大学
private community colleges 私立社区大学
private investment capital 个人投资资本
private teachers 私立学校教师
private universities, growth of 私立高校的发展壮大
productivity tracking 追踪生产能力
profit 利润
profitability 获得利润
profit motive 利润动机
programs 课程
proper college education 真正的大学教育
proprietary schools 私营性学校
proprietary stigma 私营学校的耻辱
psychology, graduate education 心理学研究生教育
Psy. D. degree program 心理学博士学位课程
Public Academy 共读社
public opinion 舆论
Quest Education Corporation 奎斯特教育公司
Ramsay Youth Services 拉姆齐青年服务公司
Readings, Bill 比尔·里丁
regional accreditation 地方认证
regulatory requirements 制度要求
release time 非教学时间/科研时间
ResCare 挽救教育
research 科研
responsiveness 反应能力
retention rates 保持率
retirement fund investments 退休金投资

return on educational investment 教育投资回报
revenues 收入
Rhodes Colleges, Inc. 罗得大学公司
Rice, Scott 斯科特·莱斯
Rider University 赖德大学
Runte, Roseann 罗珊·鲁特
sabbaticals 公休日
salaries, faculty 教师薪水
sales pressure 推销压力
Salinger School 萨林格学校
Sauchek, Stacey 斯太希·索契克
Schmidt, Benno, Jr 小本诺·史密德
scholarly publications 学术出版
scholarship 奖学金/学问/学术
Scholastic, Inc 教学用品公司
Schwartz, Eli 艾里·舒瓦茨
Securities and Exchange Commission 证券交易委员会
self-education 自学
Seybolt, Robert 罗伯特·西波特
shared governance 共同管理
Shufold, John 约翰·舒福德
Sites, Jack 杰克·萨尔茨
snake oil myth 狗皮膏药神话
social good 社会利益
spending motive 消费动机
Sperling, John G 约翰·斯珀林
sports activities 体育运动
stakeholders 资助人
Stanford University scandal 斯坦福大学丑闻
state colleges, prestige motives 州立大学
Steele, Claude 克劳德·斯蒂尔
stockholder 股东
stock performance 股票业绩
Strayer Education, Inc 斯特拉耶教育公司
Strayer University 斯特拉耶大学

student focus groups   学生集中调查

student literary magazines   学生文艺杂志

student loan default rates   学生借贷违约率

student residences   学生公寓

student-retention data   学生保持率数据

students   学生

Sylvan Learning Systems   西尔文学习系统

takeovers   接管

taxation   纳税

Taylor Ron   罗恩·泰勒

teaching loads   教学工作量

teaching, vs. training   学习还是培训

tensions   紧张关系

tenure   终身制

Tierney, William   威廉·蒂尔尼

Title IV funding   Title IV 基金

Tonne, Herbert   赫伯特·托恩

total quality management   全面质量管理

Trachtman, Philip   菲利普·特拉齐曼

training and development providers   培训开发机构

training, vs. teaching   培训还是学习

Traub, James   詹姆斯·特劳伯

tuition   学费

Tuskegee Institute   塔斯克杰学院

tutoring   辅导

unionizing   组成联盟

universities   大学

University in Runins   《成为废墟的大学》

University of Chicago   芝加哥大学

University of Phoenix   菲尼克斯大学

University of Sarasota   萨拉索托大学

The Uses of Fear and Envy in Academe   《学术界恐怖和嫉妒的运用》

Ventura Group   梵特拉集团

virtual adoption   虚拟接受

Vocational Act of 1917   1917 的《职业法案》

vocational trianing　职业培训

Washington, Booker T　布克·华盛顿

Watts, S　瓦特

Western International University　西部国际大学

What's College For?　《大学的目的是什么?》

Whitman Education　惠特曼教育公司

Wilkins, Harry　亨利·威尔金斯

Wilshire, Bruce　布鲁斯·威尔歇

women　妇女

work, close supervision of　受到密切监督的工作

worker productivity　生产能力

work force, education of　劳动力教育

working students　在职学生

好书分享

大学之道丛书

大学之用
教师的道与德
高等教育何以为高
哈佛大学通识教育红皮书
哈佛，谁说了算
营利性大学的崛起
学术部落与学术领地
高等教育的未来
知识社会中的大学
教育的终结
美国高等教育通史
后现代大学来临？
学术资本主义
德国古典大学观及其对中国的影响
美国大学之魂（第二版）
大学理念重审
大学的理念
现代大学及其图新
美国文理学院的兴衰
大学的逻辑（第三版）
废墟中的大学
美国如何培养硕士研究生
美国高等教育史（第二版）
麻省理工学院如何追求卓越
美国高等教育质量认证与评估
高等教育理念
印度理工学院的精英们
21世纪的大学
美国公立大学的未来
美国现代大学的崛起
公司文化中的大学
大学与市场的悖论
高等教育市场化的底线
美国大学时代的学术自由
理性捍卫大学
美国的大学治理
世界一流大学的管理之道（增订本）

21世纪高校教师职业发展读本

如何成为卓越的大学教师（第二版）
如何提高学生学习质量
学术界的生存智慧（第二版）
给研究生导师的建议（第二版）
给大学新教员的建议（第二版）
教授是怎样炼成的

学术规范与研究方法丛书

如何进行跨学科研究
如何查找文献（第二版）
如何撰写与发表社会科学论文：国际刊物指南
如何利用互联网做研究
社会科学研究方法100问
社会科学研究的基本规则（第四版）
参加国际学术会议必须要做的那些事
——给华人作者的特别忠告
如何成为学术论文写作高手
——针对华人作者的18周技能强化训练
给研究生的学术建议（第一版）
生命科学论文写作指南
如何撰写和发表科技论文（第六版）
法律实证研究方法（第二版）
传播学定性研究方法（第二版）
学位论文写作与学术规范
如何写好科研项目申请书
如何为学术刊物撰稿（影印第二版）
如何成为优秀的研究生（影印版）
教育研究方法：实用指南（第六版）
高等教育研究：进展与方法
做好社会研究的10个关键

科学元典丛书

天体运行论 〔波兰〕哥白尼
关于托勒密和哥白尼两大世界体系的对话
　　〔意〕伽利略
心血运动论 〔英〕威廉•哈维
薛定谔讲演录 〔奥地利〕薛定谔
自然哲学之数学原理 〔英〕牛顿
牛顿光学 〔英〕牛顿
惠更斯光论（附《惠更斯评传》）〔荷兰〕惠更斯
怀疑的化学家 〔英〕波义耳
化学哲学新体系 〔英〕道尔顿
控制论 〔美〕维纳
海陆的起源 〔德〕魏格纳
物种起源（增订版）〔英〕达尔文
热的解析理论 〔法〕傅立叶
化学基础论 〔法〕拉瓦锡
笛卡儿几何 〔法〕笛卡儿
狭义与广义相对论浅说 〔美〕爱因斯坦
人类在自然界的位置（全译本）〔英〕赫胥黎
基因论 〔美〕摩尔根
进化论与伦理学（全译本）（附《天演论》）
　　〔英〕赫胥黎
从存在到演化 〔比利时〕普里戈金
地质学原理 〔英〕莱伊尔
人类的由来及性选择 〔英〕达尔文
希尔伯特几何基础 〔俄〕希尔伯特
人类和动物的表情 〔英〕达尔文
条件反射：动物高级神经活动 〔俄〕巴甫洛夫
电磁通论 〔英〕麦克斯韦
居里夫人文选 〔法〕玛丽•居里
计算机与人脑 〔美〕冯•诺伊曼
人有人的用处：控制论与社会 〔美〕维纳
李比希文选 〔德〕李比希
世界的和谐 〔德〕开普勒
遗传学经典文选 〔奥地利〕孟德尔 等

德布罗意文选 〔法〕德布罗意
行为主义 〔美〕华生
人类与动物心理学讲义 〔德〕冯特
心理学原理 〔美〕詹姆斯
大脑两半球机能讲义 〔俄〕巴甫洛夫
相对论的意义 〔美〕爱因斯坦
关于两门新科学的对谈 〔意大利〕伽利略
玻尔讲演录 〔丹麦〕玻尔
动物和植物在家养下的变异 〔英〕达尔文
攀援植物的运动和习性 〔英〕达尔文
食虫植物 〔英〕达尔文
宇宙发展史概论 〔德〕康德
兰科植物的受精 〔英〕达尔文
星云世界 〔美〕哈勃
费米讲演录 〔美〕费米
宇宙体系 〔英〕牛顿
对称 〔德〕外尔
植物的运动本领 〔英〕达尔文
博弈论与经济行为（60周年纪念版） 〔美〕冯·诺伊曼
生命是什么（附《我的世界观》）〔奥地利〕薛定谔

跟着名家读经典丛书

先秦文学名作欣赏 吴小如等著
两汉文学名作欣赏 王运熙等著
魏晋南北朝文学名作欣赏 施蛰存等著
隋唐五代文学名作欣赏 叶嘉莹等著
宋元文学名作欣赏 袁行霈等著
明清文学名作欣赏 梁归智等著
中国现当代诗歌名作欣赏 谢冕等著
中国现当代小说名作欣赏 陈思和等著
中国现当代散文戏剧名作欣赏 余光中等著
外国诗歌名作欣赏 飞白等著
外国小说名作欣赏 萧乾等著
外国散文戏剧名作欣赏 方平等著

博物文库

无痕山林
大地的窗口
探险途上的情书
风吹草木动
亚马逊河上的非凡之旅
大卫·爱登堡的天堂鸟故事
蘑菇博物馆
贝壳博物馆
甲虫博物馆
蛙类博物馆
兰花博物馆
飞鸟记
奥杜邦手绘鸟类高清大图
日益寂静的大自然
垃圾魔法书
世界上最老最老的生命
村童野径
大自然小侦探

与大自然捉迷藏
鳞甲有灵
天堂飞鸟
寻芳天堂鸟
休伊森手绘蝶类图谱
布洛赫手绘鱼类图谱
自然界的艺术形态
雷杜德手绘花卉图谱
果色花香：圣伊莱尔手绘花果图志
玛蒂尔达手绘木本植物
手绘喜马拉雅植物

西方心理学名著译丛

记忆 〔德〕艾宾浩斯
格式塔心理学原理 〔美〕考夫卡
实验心理学（上、下册） 〔美〕伍德沃斯 等
思维与语言 〔俄〕维果茨基
儿童的人格形成及其培养 〔奥地利〕阿德勒
社会心理学导论 〔英〕麦独孤
系统心理学：绪论 〔美〕铁钦纳
幼儿的感觉与意志 〔德〕蒲莱尔
人类的学习 〔美〕桑代克
基础与应用心理学 〔德〕闵斯特伯格
荣格心理学七讲 〔美〕霍尔 等

其他图书

如何成为卓越的大学生 〔美〕贝恩
世界上最美最美的图书馆 〔法〕博塞 等
中国社会科学离科学有多远 乔晓春
国际政治学学科地图 陈岳 等
战略管理学科地图 金占明
文学理论学科地图 王先霈
大学章程（1—5卷） 张国有
道德机器：如何让机器人明辨是非 〔美〕瓦拉赫 等
科学的旅程（珍藏版） 〔美〕斯潘根贝格 等
科学与中国（套装） 白春礼 等
彩绘唐诗画谱 （明）黄凤池
彩绘宋词画谱 （明）汪氏
如何临摹历代名家山水画 刘松岩
芥子园画谱临摹技法 刘松岩
南画十六家技法详解 刘松岩
明清文人山水画小品临习步骤详解 刘松岩
我读天下无字书 丁学良
教育究竟是什么？〔英〕帕尔默 等
教育，让人成为人 杨自伍
透视澳大利亚教育 耿华
游戏的人——文化的游戏要素研究 〔荷兰〕赫伊津哈
中世纪的衰落 〔荷兰〕赫伊津哈
苏格拉底之道 〔美〕格罗斯
全球化时代的大学通识教育 黄俊杰
美国大学的通识教育 黄坤锦
大学与学术 韩水法
国立西南联合大学校史（修订版） 西南联合大学北京校友会
发展中国家的高等教育 〔美〕查普曼 等